Florilège spirituel

Du même auteur

Chez le même éditeur

Dieu était là et je ne le savais pas, autobiographie vol. 1, 1998.
Dieu écrit droit avec des lignes courbes, autobiographie vol. 2, 1999.
Les rendez-vous de Dieu, 2000.
Au commencement était l'amour, 2002.

Chez d'autres éditeurs

La révolte de l'esprit, Stock, 1979 (collaboration au livre d'Olivier Clément).
Comme une flûte de roseau, Bayard Éditions Centurion, 1982.
François d'Assise : troubadour et prophète, Salvator, 1983.
Jésus, Cerf, 1983.
Aime et tu vivras, Cana, 1985. Commentaires d'Évangile.
L'ombre obéit au soleil, Salvator, 1985.
Prêtres de la mission de France, Bayard Éditions Centurion, 1991.
La souffrance, Bayard Éditions Centurion, 1993 (en collaboration avec Marc Knobel).
L'attente des jeunes : aimez-moi ou je meurs, Livre ouvert, 1994.
Montre-moi Ton visage ! variations sur les Psaumes, Desclée de Brouwer, 1995.
Accroche ta vie à une étoile, entretiens avec J.-P. et R. Cartier, Albin Michel, 1996.
Stan Rougier : l'urgence d'aimer, Claire Vision, 1997.
Quand l'Amour se fait homme, Desclée de Brouwer, 1997.
Clins Dieu, Salvator, 1998.
Une vie pour aimer, Médiaspaul, 1998.
Vos fils et vos filles seront prophètes, Bayard, 2000.
Paco Huidobro, un prophète à Buenos Aires, Salvator, 2000.
Prières glanées, Fidélité, 2002.
Nomade de l'Éternel, Pocket, 2004.
L'avenir est la tendresse, Salvator, 2005.
L'amour comme un défi, Albin Michel, 2006.
Saint François d'Assise : héraut de Dieu, Pygmalion, 2006.
La dépression : une traversée spirituelle, Desclée de Brouwer, 2006 (en collaboration avec Yves Prigent).
Puisque l'amour vient de Dieu, Desclée de Brouwer, 2007.
Pourquoi je l'ai suivi, entretiens avec Nathalie Calmé, Desclée de Brouwer, 2007.

Stan Rougier

Florilège spirituel

PRESSES
DE LA
RENAISSANCE

Ouvrage réalisé
sous la direction éditoriale d'Alain NOËL
avec la collaboration de Danielle NOËL

Si vous souhaitez être tenu(e)
au courant de nos publications,
envoyez vos nom et adresse, en citant ce livre,
aux Éditions des Presses de la Renaissance,
11, rue de Grenelle – 75007 Paris
Et, pour le Canada,
à Interforum Canada inc.,
1055, bd René-Lévesque Est,
11e étage, bureau 1100,
H2L 4S5 Montréal, Québec.

Consultez notre site Internet :
www.presses-renaissance.com

ISBN 978-2-7509-0333-6

A Myra et Renaud
Tahina et Satya

Dans la Tendresse
de D

Amitié
Stan

À Alain Piro,
mon collaborateur pour l'animation
d'une cinquantaine de camps de jeunes.
Mon ami de toujours.

Préface

Un prêtre jamais blasé

Stan Rougier est un curé optimiste, ce qui n'est pas forcément automatique dans le milieu des catéchistes. Mais chez lui, c'est comme une respiration de l'âme. Il croit en un Dieu de tendresse et le dit.

Comment peut-on être ainsi, à cette époque, avec tout ce qui nous entoure ? La tendresse aurait plutôt tendance à faire sourire. Il n'est question partout que de rapports de force et de mépris distillé. Cependant, j'ai connu Stan Rougier il y a plus de cinquante ans et il était déjà comme ça. Continuellement émerveillé par la vie, au point, guitare en main, d'en paraître parfois baroque ; il avait la passion d'écouter.

La forme très œcuménique de son engagement s'adresse à tous et franchit un degré dans l'art de renverser les montagnes avec la foi. Au-delà de sa démarche religieuse, elle nous rappelle opportunément que l'on peut vivre aujourd'hui dans la tolérance, en ne désespérant pas du monde. Pour les croyants, c'est l'espérance. Pour les autres, un essai de psychothérapie.

Une préface de Jacques de Bourbon-Busset pour un des premiers livres de Stan Rougier montre bien l'effet communicatif que peut avoir, de nos jours, un enthousiasme aussi résolu. L'académicien repu d'honneurs fait subtilement son autocritique : « Je suis ancien diplomate, donc un vieux renard. Je ne serai pas suspect, dans ces conditions, de sensiblerie ou d'idéalisme, si je dis que l'essentiel de ma conviction rejoint celle de Stan Rougier : ce qui compte dans la vie, ce n'est pas la réussite sociale qui est toujours illusoire, ce n'est pas l'autosatisfaction intellectuelle que le moindre moment de lucidité rend dérisoire, ce qui compte, c'est d'aider quelqu'un ou quelques-uns à vivre. »

D'Annunzio avait déjà dit cela dans sa célèbre phrase : « J'ai ce que j'ai donné. » Alors, Stan Rougier doit beaucoup avoir, car il n'a cessé d'être généreux. Sa vocation lui fut l'occasion de rencontrer des centaines de communautés, souvent chrétiennes et parfois paumées. Partout, des gens cherchent et s'interrogent. Le prêtre qui les entend n'a pas forcément les réponses, mais il offre son amitié débordante.

On s'aperçoit souvent que cet amour sans calcul suffit, dans son apparente naïveté, à désarmer bien des bastilles. Psychologie élémentaire, sans doute, mais qui opère à la façon d'une révélation. Après tout, est-on sûr que l'homme soit si compliqué ?

Stan Rougier signe des chroniques. On le voit parfois, le dimanche matin, aux messes de la télévision. Il fait des conférences et bourlingue dans tous les pays du monde, en vieux professionnel de l'espoir. Jamais fatigué, jamais blasé, avec les deux Testaments dans sa poche, il vit sa vie. Le facteur lui apporte, chaque matin, des lettres ardentes ou confuses, des récits de vies ratées, des confessions désarmantes, tout un bouquet fané de spiritualité inassouvie. Et comme je vous l'ai dit, son élan mystique l'oblige à vibrer à fond devant tout ce qui aime ou qui souffre. Il finit par catalyser en lui, avec une modestie qui rend sa démarche supportable, toute la rumeur insatisfaite des terriens.

C'est ce côté contagieux de l'amour entre les humains qui fascine. Lorsqu'un sermon est dit sur ce ton, il passe. On se sent respecté, même quand on n'a pas la foi. Et l'on plonge dans cette confidence de prêtre comme dans un document à chaud. La tendresse, après tout, si c'était ça le secret ?

Jacques Gandebeuf
Grand reporter au *Républicain Lorrain*,
auteur de *L'accent de mon père*, de *La parole retrouvée* et de *Planète Moselle*
aux éditions Serpenoise

Éloge de la foi

« *Montre-moi ton homme, je te montrerai ton Dieu* »
(Saint Théophile d'Antioche)

LE MESSAGER de Dieu n'est pas comme un facteur qui dépose sa lettre, fait trois petits tours et puis s'en va. Son message est tellement ahurissant, tellement invraisemblable ! Il faut bien en voir les traces dans sa propre vie… sinon, comment pourrait-on le croire ?

Si le messager dit : « *Dieu est amour* », et que son comportement interdit toute liberté de pensée, nous en conclurons que cet amour-là est intolérant.

Si le prêcheur déclare : « *Dieu t'aime* », et qu'il quadrille notre existence de reproches et de menaces, nous en conclurons que cet amour est bien mesquin.

Si le messager dit : « *Dieu veille sur toi, tu ne seras pas tenté au-delà de tes forces* » et qu'il ne nous protège pas contre nos imprudences, nous penserons que Dieu choisit de bien piètres veilleurs.

Si le prêcheur dit : « *Jésus est venu nous apporter la plénitude de sa joie* », sur un ton lugubre, nous en conclurons que la joie divine n'est pas très gaie.

Si le messager dit : « *Ne jetez pas la pierre à la femme adultère* », et que nous le voyons fulminer contre un vieil ivrogne ou un jeune drogué, nous en conclurons que s'il recommande aux autres de ne pas jeter la pierre, c'est pour en avoir lui-même davantage à lancer.

Si le prêcheur dit : « *L'Éternel est venu révéler à l'homme sa dignité incomparable d'enfant de Dieu* », et que nous l'entendons soupçonner les humains de toutes les tares, nous nous demanderons si Dieu ne s'est pas dérangé pour rien.

Si le messager dit : « *Je crois à la résurrection de la chair* », et qu'il n'a que mépris pour son propre corps, nous aurons très peur de cette résurrection-là.

Si le prêcheur dit : « *Il y a plus de joie pour un seul repenti que pour quatre-vingt-dix-neuf justes* » et que nous le voyons rejeter de sa communauté l'un des siens qui lui fait honte, nous penserons qu'il est difficile de prendre au sérieux les paroles de la Bible qui ne sont jamais vécues.

Si le messager déclare : « *Dans la mesure où vous l'avez fait à l'un de ces plus petits de mes frères, c'est à Moi que vous l'avez fait* » (Mt 25, 40), et que, le soir même, nous le voyons humilier son semblable, nous nous demanderons si nous n'avons pas rêvé pendant le sermon du matin.

Si sur le message est écrit : « *Qu'ils soient un, afin que le monde croie* », et que le messager calomnie des croyants d'autres sensibilités, nous en conclurons que le messager nous enlève d'une main ce que sa parole nous avait promis de l'autre.

Le messager de Dieu n'est pas bon par nature. Il peut le devenir par grâce.

Intransigeant que Dieu rend parfois doux, orgueilleux que Dieu rend parfois humble, indifférent que Dieu rend parfois fraternel, sectaire que Dieu rend parfois tolérant, il témoigne ainsi que le passage de Dieu peut laisser des traces…

« *Les fruits de l'Esprit sont charité, joie, paix, longanimité, serviabilité, bonté, confiance dans les autres, douceur, maîtrise de soi* » (Ga 5, 22-23).

Si le funambule regarde ses pieds, il tombe.

Si le messager regarde ses lacunes, il désespère.

Il lui faut garder les yeux et le cœur fixés sur Celui qui appelle « *des fous pour confondre les sages, des faibles pour confondre les forts* » (saint Paul).

Dieu aime faire des prophètes avec des bègues, des voyants avec des aveugles, des témoins de résurrection avec d'anciennes prostituées, un pape avec un renégat, des voleurs de paradis avec des truands (bon larron), un fondateur d'Église avec un ancien chef de commando intégriste (Saul de Tarse)...

Le décalage entre le vase d'argile et le trésor fabuleux qu'il contient est au cœur même de l'annonce : tel que tu es, tu es aimé. Aussi misérable sois-tu, tu es aimé.

Il n'y a qu'un seul problème

BON NOMBRE de nos contemporains se détournent de la prière. Leur corps s'y crispe et leur *mental* s'y perd.

Nous n'avons pas un corps, nous sommes notre corps. Déployé comme une antenne, il peut nous permettre de retrouver notre centre. Il faut descendre dans la *caverne du cœur*. Là où Dieu a Sa chambre. Notre centre de gravité n'est ni dans la tête ni dans la sensibilité. Il est dans leur cœur.

Notre époque se dit réaliste, concrète. Allons donc ! Elle a privilégié les ressources de la science et de la raison et délaissé les racines de l'être. Nous vivons à la surface de nous-mêmes.

Nos relations sont épidermiques. Nos profondeurs sont ignorées, bafouées, niées. Et pourtant, n'est-ce pas là que Dieu nous a donné rendez-vous ? Pourquoi avons-nous décidé qu'Il serait un intrus ?

La source est-elle une intruse pour le ruisseau ? La racine est-elle une intruse pour l'arbre ? La graine est-elle une intruse pour la fleur ? Le soleil est-il un intrus pour la lumière ?

Une angoisse secrète vient parfois nous alerter : « *Tu sauras et tu verras que c'est une chose mauvaise et amère d'abandonner l'Éternel, ton Dieu* » (Jr 2, 19). Un mal-être nous avertit : « *Quitte ta robe de tristesse !* »

L'homme ne sait plus qui il est, ni pourquoi il existe. La frustration de l'essentiel le fait divaguer. Soit il cherche à se faire Dieu et il opprime son semblable. Soit il divinise tout ce qu'il touche et il s'y brûle.

« Il n'y a qu'un problème, un seul : redécouvrir qu'il est une vie de l'Esprit plus haute encore que la vie de l'intelligence, la seule qui satisfasse l'homme[1]. »

Dieu qui nous aime bien plus qu'un père son enfant ressent douloureusement cette séparation contre nature entre Lui et nous… « *Ils M'ont abandonné, Moi la source d'eau vive, pour se creuser des citernes, citernes lézardées qui ne tiennent pas l'eau* » (Jr 2, 13), « *Je pleurerai en secret votre orgueil* » (Jr 13, 17).

1. Antoine de Saint-Exupéry, *Un sens à la vie*, Gallimard, 1986, p. 226.

Conversion

LA PLUPART de mes amis ont rejeté le Dieu de leur enfance. Quand je les entends sur ce sujet, je ne retrouve rien de ce qui me fait vivre. Il y a un demi-siècle, Dieu semblait s'intéresser davantage à nos mortifications qu'à nos bonheurs. Le « jeûne » et la « pénitence » du Carême consistaient à s'abstenir de chocolat, de viande, de cinéma... et, pour les couples, de relations amoureuses. Dans quel but ? Mater la chair coupable, toujours coupable. Le mot « chair » qui, chez saint Paul, désignait l'égoïsme et l'orgueil, était perçu comme désignant le corps.

Ce genre de religion provoqua chez Nietzsche une formidable allergie.

La Bible était claire, pourtant ! « *Lavez-vous, purifiez-vous ! Ôtez de ma vue vos actions perverses. Cessez de faire le mal, apprenez à faire le bien ! Recherchez le droit, redressez le violent, faites droit à l'orphelin, plaidez pour la veuve !* » « *Quand vos péchés seraient comme l'écarlate, comme neige ils blanchiront* » (Is 1, 16-18). « *Je hais, Je méprise vos fêtes et Je ne puis sentir vos réunions solennelles. Quand vous M'offrez des holocaustes… vos offrandes, Je ne les agrée pas, le sacrifice de vos bêtes grasses, Je ne les regarde pas* » (Am 5, 21-22).

« *Mais que le droit coule comme l'eau et la justice comme un torrent qui ne tarit pas* » (Am 5, 24).

Aujourd'hui, Isaïe, Amos, Jérémie, Ézéchiel parleraient des millions d'enfants qui vont mourir de faim. Ils diraient : « Branle-bas de combat ! Toutes affaires cessantes, toutes guerres cessantes, rendez leur dignité aux humiliés et vous vivrez ! »

« L'Église se sent le devoir d'être proche, comme le bon samaritain, du clandestin et du réfugié, icône contemporaine du voyageur dépouillé, roué de coups et abandonné sur le bord de la route » (Jean-Paul II, 15 janvier 1997).

Les prophètes, ces empêcheurs de dormir en rond, se nomment aujourd'hui : Cimade, Unicef, Secours catholique, CCFD, FDI (Food and Disarmament International), Frères du monde, Médecins sans frontières…

Le Carême, ce n'est pas d'avoir une « face de Carême ». « *Lorsque vous jeûnez, parfumez-vous la tête* » (c'est-à-dire : ayez un visage souriant), disait Jésus. Le Carême, c'est la joie. Habille-toi le cœur. La victoire du Christ sur toutes les forces de mort est aussi ta victoire.

« Alors, les privations, c'est périmé ? » Non ! Mais ne mélangeons pas tout. Astiquer ton vélo, c'est bien. T'en servir, ce n'est pas mal non plus. Éliminer le goudron de tes poumons, c'est très bien. T'ouvrir au monde, entendre battre le cœur de Dieu, c'est encore mieux !

Philippe Maillard, ancien aumônier de prison, prêchait il y a quelques années le Carême à la télévision, le visage transfiguré par une joie divine, passé au feu de toutes les douleurs, il ne se contente pas d'annoncer la Bonne Nouvelle, il la révèle. Sur le visage buriné de cet homme, tu lis, tu sais, tu comprends que tu es aimé, même si ton cœur s'est traîné dans la boue. « *L'homme ne vit pas seulement de pain mais d'une parole chargée de l'infinie tendresse de Dieu.* »

Cette phrase, il faut être dépouillé des faux-semblants, revenu des faux bonheurs pour l'entendre. Il faut « éliminer » comme disent les slogans en faveur d'une eau minérale. Il faut « lâcher prise » pour se recevoir d'un Autre. Il faut casser la gangue pour accueillir le diamant.

« Fais-toi capacité, Je Me ferai torrent », dit Dieu[1].

---

1. Jésus à sainte Catherine de Sienne.

La contagion de la foi

JE N'EN REVIENS pas de constater que Dieu fait des merveilles à travers nos pauvretés. Il multiplie par dix ou par cent nos maigres efforts. Nous ne pouvons pas ignorer l'Évangile de la multiplication des pains. Il fallait cette humble offrande d'un enfant.

Pour que les mots livrent leur secret, il faut un contact vivant : entendre un « grand témoin » parler de Dieu avec enthousiasme, écouter une contemplative grande amoureuse de Dieu.

Tous les débats autour de la catéchèse devraient revenir à ce centre, à ce cœur du Cœur… La contagion de la foi se fait comme celle du feu. « Les âmes s'allument aux âmes », disait Lacordaire. Parfois il suffit d'être humble et transparent comme ces petits tessons de bouteille à travers lesquels les rayons du soleil se font incendiaires.

Qui a poussé Charles de Foucauld, libertin athée, à devenir le grand mystique que l'on sait ?

Sa cousine Marie, « si bonne, si accueillante et qui ne l'a pas écarté malgré sa conduite ». « La beauté de cette âme a ravi mon cœur. »

Les mots de l'Évangile, il faut encore qu'ils tombent dans de la bonne terre ! Le paysan est aussi méticuleux sur la qualité du sol que sur celle de la graine. Il faut la patience des labours et la lenteur des saisons, le terreau de la tendresse, les coups de bêche contre le chiendent des mauvaises interprétations.

Comment permettre aux jeunes d'avoir accès aux réalités porteuses de mystère et de vie : la musique, la nature, l'amour humain, la poésie, l'amitié, le silence ?

« Comment donner à boire à un âne qui n'a pas soif ? » me demandent des parents effondrés devant l'indifférence religieuse de leur enfant.

En faisant boire, à côté de lui, un autre âne qui se délecte en buvant !

Ta faiblesse est ta force

DIEU EST UN bricoleur de génie :
Avec un couple stérile, Abraham et Sara,
Il engendre un peuple...

D'un bègue, Moïse, il fait un prophète...

Avec un petit berger, David, Il anéantit les tyrans...

Avec un homme trompé, Osée, Il crie Sa tendresse...

Avec une femme légère, Il évangélise la Samarie...

D'une ancienne prostituée, Marie-Madeleine, Il fait un témoin de la Résurrection...

Avec des lâches, Il invente des apôtres...

D'un renégat, Il fait le premier pape...

D'un chef de commando de ratissage antichrétien, Il fait Paul, ce fou de Dieu...

D'un blouson doré englué de gloire humaine et boursouflé de vanité, Il fait François d'Assise... D'un épicurien jouisseur, Il fait le bienheureux Charles de Foucauld...

Il est écrit du Messie à venir : « *Il ne brisera pas le roseau froissé et Il n'éteindra pas le lumignon qui fume* » (Mt 12, 20).

Qui pourrait se croire un roseau trop froissé, ou une mèche trop fumeuse ?

« *Dieu choisit ce qui est faible pour confondre la force, Dieu choisit ce qui est fou pour confondre la sagesse des sages* » (saint Paul).

C'est souvent avec des flûtes de roseau froissées que le Messie tire ses plus belles musiques.

Un visage ignoré de Saint-Exupéry

EN DÉPIT des apparences et au-delà de ses contradictions, Saint-Ex est un mystique. À dix-huit ans, il écrivait à sa mère : « La vie intérieure, c'est la seule chose qui compte pour moi. »

Cet homme au caractère trempé recherchait la difficulté, le dépassement. « Vivre, disait-il, c'est s'user au service de plus grand que soi. » « Je cherche le mariage mystique qui ferait se déployer les ailes de l'oiseau de feu enfermé dans l'Homme. » Il parle sans cesse de « l'Esprit : l'Amour infini et vivifiant ». Ses valeurs sont tirées de l'Évangile ; l'autre est sacré.

Cela explique l'importance, dans sa vie et dans son œuvre, de l'amitié, de la fraternité, de la tendresse. Il le dit avec bonheur : « Chacun est une église où prier. Mais non tout le jour. Dieu S'absente. » « Il n'est pas de passerelle de toi vers l'autre sinon par le chemin de Dieu. »

Il exprime dans ses livres la certitude que « Dieu donne sens à toutes nos démarches », mais aussi que « Dieu est nécessaire et inaccessible ». Et de nous recommander : « Vous enseignerez la prière car l'homme y devient vaste. »

Mais Antoine doute aussi et il interpelle Dieu : « Apparais-moi, Seigneur, car tout est dur lorsqu'on perd le goût de Dieu[1]. »

Saint-Exupéry recherche le Dieu « amour » plutôt que le Dieu « juge » qui lui a été enseigné. Ne recevant pas de réponse positive à sa prière, lors de la maladie de son frère François, il préfère proclamer que Dieu ne doit pas répondre. Ce chercheur de Vérité souhaite « rendre aux hommes une signification spirituelle, des inquiétudes spirituelles, faire pleuvoir sur eux quelque chose qui ressemble à un chant grégorien ».

1. Antoine de Saint-Exupéry, *Citadelle*, Gallimard, 2000.

L'amitié des athées

L'AMITIÉ DES ATHÉES est notre chance pour une meilleure fidélité au cœur de l'Évangile. Jamais nous ne serons assez reconnaissants envers nos amis incroyants !

Ils tendent un cordon sanitaire entre notre foi, dont ils ignorent tout, et nos hérésies qui les font se tordre de rire ou hurler. Ils nous interdisent de croire que nous « possédons la Vérité ».

Aucun disciple ne peut oser dire : « Mon regard sur Dieu est la mesure de Dieu. »

Dieu est trop grand pour être contenu dans une seule idée, un seul mot, une seule image !

La neige fond... Qu'arrive-t-il ?

CINQUANTE ENFANTS sont soumis à un test d'entrée dans une école pour enfants surdoués. Question : « La neige fond, qu'arrive-t-il ? »

« De l'eau », répondent les quarante-neuf enfants reçus.

« Le printemps », a répondu un autre. Recalé.

On peut empêcher un oiseau de voler en lui coupant les ailes aussi bien qu'en l'enfermant dans une cage.

Ah ! Koestler ! Pourquoi n'avons-nous pas exaucé le vœu de votre jeunesse : « Si nous désirons retrouver notre moitié perdue, il faut inventer de nouvelles façons d'apprendre et d'enseigner... ne pas craindre d'avoir pour but une époque où on enseignera la contemplation dans les écoles... non pour faire des illuminés mais pour redonner à l'homme son intégrité[1]. »

1. Arthur Koestler, *Le Yogi et le Commissaire*, Pocket, 1988, p. 377.

L'afflux inattendu de tant de jeunes vers des lieux de prière prouve que beaucoup désirent échapper au laminoir unidimensionnel. Ils veulent retrouver leur « moitié perdue ».

La morale ou la mystique ?

NOTRE CREDO ne dit pas : « *Je crois au péché.* » Il dit : « *Je crois à la rémission des péchés.* »

Le péché peut devenir un « faire-valoir » de la miséricorde... En lui-même, il est néant, absurdité, non-amour, mort... Le vide crée un appel d'air. Le vide d'amour crée un appel d'amour. « Heureuse faute qui nous vaut un tel Sauveur ! », chante la liturgie de Pâques.

L'homme s'est inventé des lois pour limiter les infractions. Mais depuis, il n'est plus jamais en paix avec sa conscience. Il erre avec l'écriteau « coupable ». Autrefois les femmes adultères devaient afficher leur forfait aux yeux des passants avec des pancartes. L'homme erre comme Caïn poursuivi par son propre regard. Dieu a inventé le pardon. « *Quand vos péchés seraient comme l'écarlate, comme neige ils blanchiront* » (Is 1, 16-18).

La morale peut chasser la mystique. Un jugement sans pitié accueille le défaillant. Mon grand-père mettait des œufs en pierre, chauffés à 100 degrés, dans la gueule de son chien pour lui faire passer le goût des visites de poulailler. La privation d'estime et d'affection est une brûlure bien plus cuisante.

« *L'homme ne vit pas seulement de pain mais de paroles divines* », c'est-à-dire de paroles d'amour. Certains s'en tirent en mimant la perfection dès le plus jeune âge. On apprend vite à blanchir le sépulcre de son cœur mort. À défaut d'être aimé, rêve décidément trop fou, on sera considéré. Celui-là, puisqu'il n'a jamais péché, pourra jeter la pierre. L'obsession d'être un juste fera peut-être de lui un justicier.

Lorsque nous délaissons le sacrement du pardon, nous ne voyons plus notre propre misère. Alors, nous sommes effarés par les fautes de nos semblables. « *Seigneur, je Te rends grâce de n'être pas comme le reste des hommes qui sont voleurs, adultères !...* »

Jésus a prévu l'Église, péniche de ramassage des pécheurs sauvés, amicale des pécheurs guéris... Toujours pécheurs, toujours en voie de guérison. Relevés par le pardon. Éblouis, ahuris de tant d'amour. Devenus diffuseurs de pardon. Simon-Pierre, le renégat, repêche des renégats dans ses filets. Lévi organise un banquet pour d'autres publicains. Saul de Tarse, arraché à ses crimes d'intégriste, devient apôtre de la miséricorde.

C'est en faisant l'expérience du pardon reçu que l'on devient apte à pardonner.

Dans le sacrement de réconciliation, Dieu nous propose un moyen infaillible de nous réconcilier avec nous-mêmes, avec Lui, avec nos semblables. Il met à notre disposition un cadeau royal pour que nous cessions, soit de nous haïr, soit de mépriser les autres.

Je connais l'objection mille fois entendue : « C'est trop facile ! » Comme si le sacrement du pardon devait être reçu avec un projet de récidive : « Aussitôt sortis de là, dépêchons-nous de recommencer »… Comme si le mal était haïssable pour un autre motif que sa puissance de destruction !

Avoir croisé le regard du Christ aux outrages, comme Simon-Pierre après son triple reniement, cela ne supprime pas le mauvais penchant, mais donne un peu de cœur pour un triple « je T'aime ».

Jésus nous estime trop pour être complice de notre déchéance.

Si nous le laissions un peu plus nous aimer, nous nous détesterions un peu moins.

L'amour miséricordieux de Dieu

« L'HOMME parvient à l'amour miséricordieux de Dieu, à sa miséricorde, dans la mesure où lui-même se transforme intérieurement dans l'esprit d'un tel amour envers son prochain » (Jean-Paul II).

Il n'y a là nul chantage. Le soleil lui-même ne nous dirait-il pas : « Je ne peux entrer dans ta chambre que si tu ouvres tes volets » ?

Le moyen le plus sûr de ne pas laisser se perdre la miséricorde, c'est peut-être d'essayer d'en vivre. « *Celui qui fait la vérité, c'est celui qui vient à la lumière* », dit le Christ.

On demandait un jour à Jacques Brel ce qu'était l'amour. Il répondit : « Aimer, c'est avoir mal aux autres. » C'est un peu cela que j'entends par les mots « miséricorde » ou « mansuétude ». Avoir mal à cet être blessé, pauvre, que nous sommes tous, comme Jésus a eu mal à Zachée, à Marie-Madeleine, à Judas, à Simon… Notre

Dieu est un Dieu qui a mal à l'homme. Quand nous ne respirons plus, Dieu étouffe.

Jésus n'est pas venu réprimer, Il est venu sauver. « *C'est pour détruire les œuvres du Mauvais que le fils de Dieu est venu* » (1 Jn 3, 1-10). Et qui donc a le plus besoin de salut, sinon le plus pécheur ? Si nous n'étions venus au monde que pour découvrir l'amour en apprenant la miséricorde ?

La miséricorde n'est pas le droit de grâce octroyé par un chef d'État. C'est l'être même de Dieu que notre fragilité a fait jaillir, comme le tranchant de la serpe fait sourdre la sève du pin ou celle de l'hévéa.

Nos eucharisties seront des fêtes lorsque tous ces « enfants prodigues » que nous sommes sentiront couler sur leur nuque les larmes du Père qui bafouille de joie : « *Mon petit était mort, il est revenu à la vie.* »

« *Que sert à l’homme de gagner l’Univers ?…* »

CE SOIR, devant une centaine de personnes, j’ai parlé pendant une heure de la soif de Dieu de plus en plus pressante dans l’univers des jeunes. Les besoins d’Absolu inassouvis se tournent en colère, en lassitude, en déprime, en fuite vers les sectes ! Nous assistons à un génocide spirituel. La raison raisonneuse est développée à l’extrême. L’Occidental est devenu un robot pensant. Son âme délaissée, niée, en friche, est réduite à un terrain vague, carrefour des frustrations, des agressivités et des drogues. Des parents s’interrogent : « Comment avons-nous fait pour que nos valeurs ne se transmettent pas ? »

Il n’y a pas de coupables. Il nous est arrivé un grand malheur. On a coupé les ailes de l’âme. L’enfant du Bon Dieu, canard sauvage domestiqué, ne parvient pas à s’envoler…

Lorsque la parole est à la salle, une vingtaine de jeunes de dix-sept à vingt ans, futurs éducateurs, ne se font pas prier. L’un pense que la religion se présente avec des moyens de pression et des obligations qui la rendent difficilement supportable. Un autre fulmine contre l'Église qui « exclut ses marginaux... »

« Quand l'Église ne se laisse pas décoiffer par les séismes salvateurs de l'expérience mystique, elle devient Royaume des morts[1]. »

À quel Dieu ces jeunes sont-ils allergiques ? Cette question me poursuit. Qui pourrait tourner le dos à un Dieu qui serait la source de la joie, la sève de la vie, le cœur de l'amour ? C'est trop bête de mourir de soif près d'un puits !

Il y a deux athéismes. Celui qui enlève à tout Dieu, quel qu'il soit, Sa chance de Se faire connaître et celui qui se contente de tendre un cordon sanitaire entre une foi qui nous dépasse et nos pauvres contrefaçons.

« Dieu est ce qui aime en nous », disait Jacques de Bourbon-Busset, diplomate et écrivain. Qui tournerait le dos à un tel Dieu ?

Nos amis incroyants nous interdisent de penser que notre présentation de la vérité s'identifie

1. Christiane Singer, *Éloge du mariage, de l'engagement et autres folies*, LGF, 2007.

avec la vérité. Personne ne possède la vérité, bien sûr ! Aucun croyant ne peut oser dire que son regard sur Dieu est la mesure de Dieu.

Jésus-Christ fait bien mieux que de « posséder » la vérité, Il EST la Vérité elle-même. Mais qui connaît Jésus-Christ vraiment, totalement ? Le Père seul… et l'Esprit…

Soyons plus humbles et nos frères incroyants nous détesteront moins. La lecture des œuvres des athées célèbres est une ascèse nécessaire. La réflexion de la plupart des jeunes après la lecture des « maîtres du soupçon » est : « Comment peut-on être chrétien après Nietzsche ? », « Comment peut-on croire en un Dieu-Père après Freud ? »

Ayant passé des milliers d'heures de ma jeunesse à m'éclaircir auprès de ces phares de la pensée, je dirais volontiers, parodiant Pasteur : « Un peu de cette littérature éloigne de Dieu, beaucoup y ramène. »

Celui qui tient une oreille collée à l'Évangile et l'autre au message de l'athéisme est acculé à une conclusion : le Dieu de Jésus-Christ, dont la perfection est une perfection d'amour, n'est jamais visé par les attaques des athées. Ils s'en prennent à Jupiter, même s'ils le nomment Jésus. Ils s'en prennent à nos hérésies, à nos infidélités, à nos étroitesses, à nos puritanismes, à nos inquisitions…

« *Si le sel perd sa saveur, avec quoi la lui rendra-t-on ? Il ne sert plus qu'à être jeté dehors, et foulé aux pieds par les hommes* » (Mt 5, 13).

En disant cela, le Christ s'en prend-il à ceux qui piétinent un sel qui n'en est plus ou à ceux qui laissent s'affadir le sel ?

Regardez les oiseaux du Ciel…

EN TERMES BIBLIQUES, dire que Dieu prend soin de Ses créatures signifie qu'Il les confie à elles-mêmes et les unes aux autres. « *Pourquoi êtes-vous inquiets comme les païens ? Regardez les oiseaux du ciel… Votre Père les nourrit.* » Dieu ne les nourrit pas comme dans les dessins de Jean Effel, en descendant par une échelle avec des paniers garnis de graines. Il les nourrit en mettant dans leur tête l'ingéniosité nécessaire à leur survie. Avez-vous observé les mésanges alimenter leurs petits à raison de soixante-dix voyages pour chaque oisillon ?

Lorsque nous aimons quelqu'un, nous voudrions être l'unique artisan de son bonheur. Dieu n'est pas ainsi. Il veut nous entraîner dans le sillage de Sa tendresse. « J'ai compris qui était Dieu en devenant père », dit le père Goriot, un personnage de Balzac.

Qui a inventé un Dieu « tout-puissant-incapable », spectateur impassible de nos souffrances ?

Qui a imaginé ce pantin ? Ainsi est né l'athéisme. Et l'humanisme athée nous fait vivre dans un monde décoloré où la mort est le mot de la fin.

Dieu a créé un chaos. Il nous propose d'en faire un chantier. Il n'y a pas de fatalité du malheur. Nous avons un rôle à jouer, une mission à remplir. L'homme est sorti de ses cavernes pour lutter contre la faim, pour en finir avec ce qui l'écrase. Ce combat, c'est sa grandeur, sa fierté, sa dignité. Dans cette longue marche, l'homme se construit un cœur apte à une qualité d'amour encore impensable aujourd'hui.

Les plus grands bonheurs terrestres sont les signes avant-coureurs d'un monde nouveau, un échantillon d'éternité, le rameau d'olivier au bec de la colombe.

Toute la Bible le proclame, c'est la joie d'aimer qui aura le dernier mot !

Exaucer ou « ex-hausser »

CHAQUE JOUR la télévision déverse bien plus de mauvaises nouvelles que de bonnes. Trente à cinquante morts par semaine en Irak depuis quatre ans. Incendies en Grèce, inondations en Asie et en Amérique, enlèvements, noyades, crashs d'avion, nappes de goudron sur les côtes... Ne se passe-t-il rien d'heureux sur la planète ? Le bonheur est-il toujours secret ?

Un car de pèlerins défonce la barrière d'un pont et s'écrase quarante mètres plus bas. Ce qui choque mes amis, c'est qu'il revenait de Lourdes et de la Salette !... « Alors que valent nos prières ? » Ne dit-on pas « Aucun de ceux qui ont eu recours à votre protection, qui ont imploré votre secours n'a été abandonné » ?

Le Dieu magicien tient bon dans nos têtes. Il y a un Dieu plus crédible : Celui qui nous demande de chercher la parade à nos malheurs.

Le Dieu magicien nous priverait de toute générosité.

Le Dieu qui cherche des bonnes volontés pour bonifier le monde eﬆ moins souvent sollicité.

Dieu aurait pu faire un monde où la liberté de l'homme aurait été muselée. Nous aurions vécu dans un total égoïsme. Dieu nous a dit : « *Je te confie un chaos, fais-en un chantier.* » « *J'ai mis devant toi la mort et la vie. Choisis la vie.* »

Il me semble que l'on pourrait enseigner cela avant la profession de foi, avant qu'il soit trop tard.

À l'âge de quatorze ans, je me suis fait éclater un percuteur de grenade dans la main. Je n'ai pas pensé une seconde que Dieu avait donné Son « feu vert » à cet accident.

En croyant que Dieu aurait pu les empêcher, nous redoublons nos tourments. Dieu n'eﬆ pas là pour nous exaucer mais pour nous ex-hausser, pour nous conduire plus haut !

C'est étonnant comme mes tourments changent lorsque je les porte au pied de la Croix !

Soixante-dix fois sept fois

Il faut peut-être avoir beaucoup mordu la poussière pour apprendre la miséricorde et le pardon.

Que veut donc dire le Christ, lorsqu'Il demande que « *l'ivraie semée par l'ennemi* » ne soit pas arrachée trop tôt… lorsqu'Il exige que le pardon soit accordé « *soixante-dix fois sept fois* » ?

Que veut dire le Christ avec son invraisemblable regard, recréateur de dignité, posé sur ceux et celles dont la faute est punie de mort ?

Que veut dire le Christ, avec sa colère contre ceux qui utilisent la religion pour pénaliser et pour exclure ?

Quel est « *le scandale contre les petits* » qui mériterait de nous voir couler en mer avec une pierre d'une demi-tonne au cou ?

Que signifient ces histoires de *paille* et de *poutre*, de *moustique* et de *chameau* ?

Le conflit avec les Pharisiens, idolâtres de la perfection et oublieux de l'amour, n'est-il pas très éclairant ? Je n'écris pas ici pour donner des leçons, mais pour mendier quelques lumières ! Il y va du sens de la vie !

Lorsqu'un disciple de Gandhi avait commis une faute contre la communauté, c'est Gandhi lui-même qui jeûnait jusqu'à ce que conversion s'ensuive. Cet hindou, fasciné par le Christ, serait-il le seul à avoir compris comment on peut attaquer le mal à sa racine ?

Le Dalaï-lama m'a invité à un forum il y a quelques années. Il a parlé à temps et à contretemps de la réconciliation et du pardon. Cet homme est la plus grande chance pour la Chine dans ses relations avec le Tibet.

Le bouddhisme s'appuie sur l'expérience. Ceux qui ont trouvé la force de pardonner ont vérifié que la paix intérieure s'ensuivait. Ceux qui ont rêvé de vengeance sont entrés dans des tourments sans fin.

Dieu est partout

L'AVONS-NOUS assez répété, que Dieu n'est accessible qu'au regard de la foi et que la foi est un cadeau de Dieu !

« Alors, puisque je n'ai pas la foi, je suis rejeté ? Dieu ne veut pas de moi ? »

S'il y a en toi le désir de croire, c'est que déjà l'Esprit est à l'œuvre… Ne peux-tu pas essayer d'arracher les obstacles entre Dieu et toi pour prouver la sincérité de ton élan ?

L'Éternel est trop immense, trop omniprésent. Il t'enveloppe au-dehors et au-dedans. Comme la mer pour le poisson. C'est pourquoi Il semble Se cacher. Oblige-Le à sortir de Sa cachette. Que ton cri devienne prière ! Que ta prière se fasse cri ! Cent cinquante psaumes magnifiques sont à ta disposition…

Personne ne peut dire « *Jésus est Seigneur* » sans intervention de l'Esprit. Personne ne peut dire à Dieu « *Abba* » (papa) sans une influence de l'Esprit.

Je me souviens d'un pèlerinage dans l'Himalaya. Après quatre journées d'ascension, nous parvenions à une grotte, à plus de quatre mille mètres d'altitude. Shiva était représenté par une colonne de glace, stalagmite pour le savant, symbole de la vie pour le moine hindou. Tout le long du chemin de retour, je croisais des pèlerins qui montaient lentement en retenant leur souffle. Ils tendaient leur regard et d'une voix inquiète me criaient : « Vous avez vu Dieu ? »

« Vous savez bien qu'*Il est partout* ! » répondais-je en riant.

Pourquoi n'es-tu pas Dieu ?

DES JEUNES transposent dans le domaine religieux un esprit critique mieux adapté aux sciences profanes. Autant vouloir garder du lait dans des flacons ayant contenu du vinaigre.

On dénature un témoignage de foi et d'amour en le soumettant à des polémiques interminables. Rien de plus desséchant que la « discussion » dans des domaines où la poésie est reine.

Vous pourriez, vous, affirmer avec toute la force de votre amour que Dieu ne nous abandonne jamais, même lorsque nous nous détournons de Lui, et accepter sereinement d'entendre trois jeunes sur sept vous arrêter avec des : « Je ne suis pas d'accord » ?

Le texte de la Bible, si brûlant, se heurte au mur du rationalisme : « Je doute, donc je suis. » L'intelligence nous est-elle donnée seulement pour dire « non » ?

Dieu S'est livré entre nos mains

LE RÔLE des témoins est décisif. Quel incroyable goût du risque a eu Dieu en confiant à des humains au cerveau étroit le soin de Le faire connaître ! Ne serait-ce pas là, de Sa part, le comble de l'amour ? Un Dieu, source de toute vie, amoureux fou de chacun de nous, consent à passer à nos yeux pour un dénicheur de coupables, ou un sadique. Aucun père humain ne supporterait cela !

La conscience douloureuse, déchirante, de cet écart m'a précipité vers le sacerdoce, comme un *quidam* ayant horreur de l'eau et sachant à peine nager se jette à la rivière pour tenter de sauver un enfant emporté par le courant.

À cette époque, j'avais acquis la conviction intime que nos vies ne sont pas vécues de la même façon selon le visage de Dieu dessiné dans nos têtes. Visage cruel, tu meurs. Visage d'amour, tu vis !

Nous pouvons nous sentir terriblement seuls dans une humanité qui viendrait du néant pour y retourner. Nous pouvons être affreusement coincés avec un Dieu justicier ou complice de la souffrance et de la mort.

Mais nous pouvons aussi être dynamisés, enthousiasmés, passionnés devant la moindre parcelle de la création, simplement parce que nous en avons enfin trouvé la clef : la tendresse éternelle, les battements du cœur de Dieu.

« Pourquoi certains potiers font de belles œuvres et d'autres non ? » se demande le Seigneur des sables du livre *Citadelle* de Saint-Exupéry.

« Les premiers s'échangent en Dieu. Les autres travaillent par vanité ou désir d'argent. »

« *Je ne fais pas le bien que j'aime…* »

Je viens de vivre pendant trois jours dans un monastère avec des jeunes de terminale. Ils se méfient du silence. Ils préfèrent discuter. J'avoue que la discussion m'apparaît de plus en plus comme une échappatoire, une façon de se fuir soi-même ou de se dérober à ce Dieu qui nous cherche.

Ils ont peur d'être naïfs. Ils craignent de ne pas savoir « *rendre compte de leur Espérance* » auprès de leurs camarades incroyants. Leur itinéraire sur ce point est étrangement commun. L'air du temps marque chacun de la même empreinte. « Nous croyons en l'amour, mais que vient faire Dieu dans cette histoire ? Les incroyants eux aussi croient à l'amour, autant que nous, parfois davantage ! Alors ? Pourquoi ce détour inutile par Dieu ? »

Cette objection me désarçonne, et pourtant je l'ai partagée dans ma jeunesse. « *Quiconque aime est né de Dieu et connaît Dieu. Celui qui n'aime pas n'a pas connu Dieu car Dieu est amour* » (1 Jn 4, 7-8).

L'amour est à Dieu ce que la clarté est à une source lumineuse : feu, lampe, lune, soleil…

Pour certains jeunes, tout se passe comme si la clarté pouvait exister sans source lumineuse. « Qu'ai-je besoin de Dieu pour aimer ? »

N'ont-ils jamais connu les limites et les dérives de l'amour ? N'ont-ils jamais éprouvé cette pesanteur dont parle saint Paul : « *Je ne fais pas le bien que j'aime, et le mal que je n'aime pas, je le fais ? Qui me délivrera* » ? La foi ne peut naître que sur l'humilité.

Rencontre

RENCONTRE avec cent cinquante animateurs ruraux. Ils me demandent de leur parler de la « foi des jeunes ». Les questions se bousculent. Souvent ce sont des questions pièges comme celle de l'impôt à César…

Quand quelqu'un vous dit : « Je crois en l'homme. Peu importe que la mort soit une fin. Prouvez-moi Dieu. Quel besoin avons-nous de Dieu ? », que répondre ?

Un maître hindou disait : « Dieu est existence. Je n'irai pas te prouver que l'existence existe… Si tu crois en l'homme c'est que l'homme est divin… Et si tu crois que l'homme peut disparaître à jamais, c'est que tu ne crois pas en l'homme… »

Je crois toucher les cœurs en racontant l'histoire de l'enfant prodigue. Quelqu'un intervient avec colère : « Il a eu raison, le fils aîné. On ne l'avait même pas prévenu du retour de son frère ! On avait préparé la fête sans lui ! »

La magie de cette page d'Évangile s'évanouit aussitôt.

« *Que puis-je pour toi, Éphraïm ? Ton amour est léger comme la brume* » (Os 6, 4).

Pseudo-mystiques

« L'INVASION actuelle des pseudo-mystiques de l'Inde trouve en moi, qui aime l'Inde, l'adversaire le plus décidé. » C'est Romain Rolland, l'auteur d'un ouvrage sur la vie de Ramakrishna, qui parle ainsi. Ce livre[1] a fortement contribué à l'engouement de nos contemporains pour les vrais mystiques de l'Inde.

Je reviens d'un colloque sur le thème : « Le yoga est-il compatible avec la vie chrétienne ? » Il y a trente ans, la question à la mode était : « Peut-on être marxiste et chrétien ? » (comme le temps passe !). De quel yoga s'agit-il ? S'agit-il d'une méditation style Gandhi, dont la visée est la transformation de soi-même pour une plus grande disponibilité aux appels de Dieu ? En ce cas, béni soit-il ! S'agit-il d'un folklore de clochettes, d'encens et de crâne rasé pour flirter avec

1. Romain Rolland, *Essai sur la mystique et l'action de l'Inde vivante*, Stock, 1993.

l'Orient sans le comprendre et sans l'aimer ? Alors, ce n'est que frivolité ! La question devient : « La frivolité est-elle compatible avec la vie chrétienne ? »

Un ouvrage récent, où s'expriment des frères qui me sont chers, s'émeut de la vogue du yoga et du zen dans certains monastères chrétiens. Les auteurs n'y vont pas de main morte !

Qu'un nouveau Thomas d'Aquin vienne nous montrer comment des sagesses nées hors des frontières de l'Église recèlent un héritage de l'Esprit ! Une des intuitions essentielles de l'hindouisme ne se trouve-t-elle pas résumée par une phrase d'un mystique chrétien ? Maître Eckart : « Si tu vas au bout du monde, tu trouveras des traces de Dieu. Si tu descends au plus profond de toi, tu trouveras Dieu Lui-même ! »

Entendons-nous parfois la violence des rationalistes face aux dangers des « pseudo-mystiques » chrétiennes ?... Je me souviens d'un homme qui hurlait : « Votre religion a tué ma femme ! » Elle refusait d'aller consulter un médecin. Elle prétendait devoir expier ses fautes par la souffrance. Qui lui a appris cela ?

Le christianisme est innocent des imbécillités commises en son nom. « On ne rend pas justice au lion en ne parlant que de ses puces ! »

Peut-être faut-il rendre la même justice à chaque religion !

« *Ta différence m'augmente* »
(Saint-Exupéry)

J'AI DONNÉ des conférences tout l'été. Encore une fois je me suis heurté à quelques incompréhensions. Toujours sur le même chapitre : celui du dialogue interreligieux. On me trouve « trop ouvert aux religions non chrétiennes ». Le ton monte parfois : « Devenez donc musulman si vous les aimez tant ! », « Que faites-vous de la parole de Jésus : “De toutes les nations faites des disciples” ? », « Savez-vous que Jésus n'était Fils de Dieu ni pour les juifs ni pour les musulmans ? », « Dites-nous clairement : Jésus est-il pour vous *le chemin, la vérité, la vie* ? », « Pourquoi Dieu s'est-Il fait homme si les autres religions sont porteuses de vérité ? »…

Il me faut faire découvrir encore et encore un document du Concile Vatican II signé le 28 octobre 1965 par 1 763 évêques du monde entier. Comme tous les décrets conciliaires, il porte un nom latin : *Nostra Aetate* (« À notre époque »). En voici quelques extraits :

Dans le bouddhisme, selon ses formes variées, l'insuffisance radicale de ce monde changeant est reconnue, et on enseigne une voie par laquelle les hommes, avec un cœur confiant, pourront acquérir l'état de libération parfaite, soit atteindre l'illumination suprême par leurs propres efforts ou par un secours venu d'en haut…

L'Église catholique ne rejette rien de ce qui est vrai et saint dans ces religions. Elle considère avec un respect sincère ces manières d'agir et de vivre, ces règles et ces doctrines qui, quoiqu'elles diffèrent en beaucoup de points de ce qu'elle-même tient et propose, cependant apportent souvent un rayon de la vérité qui illumine tous les hommes. Elle exhorte donc ses fils pour que, avec prudence et charité, par le dialogue et par la collaboration avec ceux qui suivent d'autres religions, et tout en témoignant de la foi et de la vie chrétiennes, ils reconnaissent, préservent et fassent progresser les valeurs spirituelles, morales et socio-culturelles qui se trouvent en elles…

L'Église regarde aussi avec estime les musulmans, qui adorent le Dieu Un, vivant et subsistant, miséricordieux et tout-puissant, créateur du ciel et de la terre, qui a parlé aux hommes. Ils cherchent à se soumettre de toute leur âme aux décrets de Dieu, même s'ils sont cachés, comme s'est soumis à Dieu Abraham, auquel la foi islamique se réfère volontiers. Bien qu'ils ne reconnaissent pas Jésus comme

Dieu, ils le vénèrent comme prophète ; ils honorent sa mère virginale, Marie, et parfois même l'invoquent avec piété. De plus, ils attendent le jour du jugement, où Dieu rétribuera tous les hommes ressuscités. Aussi ont-ils en estime la vie morale et rendent-ils un culte à Dieu, surtout par la prière, l'aumône et le jeûne…

L'Église a toujours devant les yeux les paroles de l'apôtre Paul sur ceux de sa race « à qui appartiennent l'adoption filiale, la gloire, les alliances, la législation, le culte, les promesses et aussi les patriarches, et de qui le Christ est issu selon la chair, le Fils de la Vierge Marie » *(Rm 9, 4-5). Elle rappelle aussi que les apôtres, fondements et colonnes de l'Église, sont nés du peuple juif, ainsi qu'un grand nombre des premiers disciples qui annoncèrent au monde l'Évangile du Christ…*

Dans un autre texte, le Concile affirme que l'Esprit Saint est actif en dehors des structures visibles de l'Église. Il y a une racine de libération (les « semences du Verbe ») commune à toutes les religions.

Catholique veut dire « universel » !

« Mais alors, me dit-on, pourquoi les missionnaires ont-ils donné leur vie pour diffuser la Bonne Nouvelle ? »

La beauté du message de Jésus-Christ n'enlève rien, à mes yeux, à la beauté des autres traditions religieuses. Jésus-Christ n'a cessé de louer la foi des païens (Syro-Phénicienne, centurion, veuve de Sarepta, Naaman le Syrien…) et des hérétiques (Samaritains…).

J'ai eu, parce que je suis prêtre, la joie d'être invité à m'adresser à des hindous, des bouddhistes, des juifs, des musulmans… Jamais ils ne m'ont demandé de cacher mes convictions.

Celui qui trouve un trésor ne peut avoir qu'un seul désir : le partager !

Vous êtes athée ?... Moi aussi !

POUR AVOIR une vague idée de Toi, l'Être de tous les êtres, il suffirait parfois de jouer au jeu des contraires avec les images et les lieux communs qui traînent à Ton sujet.

On Te soupçonne de manipuler les hommes par la contrainte et la peur :
Tu ne les attires que par amour.

On Te soupçonne d'avoir des complicités avec la mort des êtres chers :
Tu n'as de connivence qu'avec leur vie.

On Te dit mesquin et fouineur de conscience :
Nos médiocrités ne mobilisent que Ta tendresse.

On Te croit ennemi de la joie :
Tu en es la source.

On T'incrimine d'être l'opium des opprimés :

Tu es l'animateur de tous les mouvements de libération.

On Te pense contrarié et jaloux de nos recherches scientifiques :
Tu offres à l'homme un univers infini à explorer.

On T'imagine rancunier :
Tu pardonnes comme nous respirons.

On Te voit figé comme un monarque :
Tu es ardent comme un berger.

On Te croit initiateur de l'Inquisition :
Tu en es la victime.

On T'accuse d'être une bouée de sauvetage :
Tu nous apprends à nager.

On prétend que Tu es « quelque chose » au-dessus de nous :
Tu es Quelqu'un au-dedans de nous.

On Te cherche chez les justes :
Tu loges chez les pécheurs.

On Te cherche dans les chaires de théologie :
Tu es assis au banquet des amoureux, au village de Cana.

On Te cherche, tenant dans la main la foudre et le fléau :

Tu joues une danse paysanne avec une flûte de roseau.

On Te cherche dans un cimetière :

Tu accompagnes sur le chemin d'Emmaüs deux voyageurs désemparés.

On veut Te cerner dans le filet des mots :

Tu Te poses sur le sourire des enfants.

Si je suis devenu prêtre, c'est parce que j'avais mal, à hurler, de toutes ces contrefaçons qui défigurent Ton visage.

Ils sont trop nombreux, mes amis, morts de n'avoir connu de Toi que Ta caricature.

Je porte plainte contre X, contre ceux qui ont laissé les marées noires polluer la splendeur incomparable de l'Amour.

Il paraîtrait que le visage terrifiant de Dieu soit apparu au Moyen Âge au moment de la « peste noire » qui décima plus de la moitié de l'Europe. La seule explication semblait être : « Dieu nous châtie comme au déluge ! »

Que le Dieu véritable nous délivre du dieu intolérable !

Pour que le sens de l'aventure humaine nous soit rendu !

Pour qu'il n'y ait plus ce gâchis de jeunes n'en pouvant plus de naître par hasard, de vivre pour trop peu, de mourir pour rien !

Éloge de la joie

Éternité

Il est des instants dans l'existence où tout concourt à créer un état de grâce ! Partage de pensées avec un être cher, beauté d'un paysage, qualité du silence, semblent être les principaux éléments de ces échantillons de paradis.

On meurt moins difficilement quand on sait combien Dieu S'y connaît en joies.

Cette première vie n'est qu'un prélude, une mise en train, un avant-goût, un galop d'essai…

Si ceux qui meurent jeunes meurent par notre faute, pleurons sur nous-mêmes et soyons plus acharnés encore pour défendre la vie. Mais à trop dramatiser le départ de ceux qui ont eu une existence bien remplie, cela ne trahit-il pas un doute sur l'« au-delà » ?

À chaque merveille qui me coupe le souffle, j'entends Dieu me dire : « Tu n'as encore rien vu ! Si tu savais ! »

Ce n'est pas une raison pour quitter la planète avant la fin de notre stage !

Un enfant prématuré n'a aucun avantage sur celui qui naît à terme.

Thérèse de Lisieux peu avant sa mort entendait Jésus lui dire : « Maintenant c'est bientôt mon tour » (c'est mon tour de te prouver que je t'aime).

Quel est ton tourment ?

« QU'EST-CE que votre science vous a révélé sur l'homme ? » demande un jeune à un prêtre psychanalyste que j'ai invité.

« Qu'il est complexe et fragile. Cela m'a appris, surtout, l'importance des paroles du Christ : "Ne jugez pas." Les manies, les obsessions, les déviances de toutes sortes s'enracinent dans l'histoire d'un être avant l'âge de trois ou quatre ans. Les misères psychiques font de certains individus des êtres profondément blessés et, par là même, blessants. L'homme atteint de cette sorte de cassure interprète et amplifie les faits et gestes de ses proches. Il peut souffrir démesurément d'une parole maladroite prononcée sans aucune mauvaise intention… »

L'Évangile répète : « *Aime et tu vivras.* »

La science constate : « Celui qui n'a pas été aimé parvient difficilement à aimer. » Si l'on n'aime pas, on adopte un comportement de destruction contre les autres ou contre soi-même.

Je bénis ce monde

JE VOUDRAIS ne regarder que le versant ensoleillé de l'univers. Mais lorsque j'ai passé la journée à entendre les mal-aimés, les « mal-dans-leur-peau », quel sursaut mystique il me faut pour éviter de tomber moi-même dans la déprime !

Au pied du tabernacle, j'apprends à lire en relief ce que j'ai entendu en creux.

Horrible, hideux, ce monde où l'on étrangle en douce avec un foulard de soie, où l'on passe son temps à dénigrer ? Oui, mais merveilleux aussi, ce monde où l'amour peut « gagner » sur le mépris, comme les polders de Hollande gagnent sur la mer.

« *C'est à l'amour qu'on vous reconnaîtra...* »

Aimer celui que les autres méprisent, c'est lui révéler combien Dieu l'aime et qu'il est plus précieux que le monde entier. C'est peut-être l'empêcher de se haïr…

L'homme spirituel cache les fautes d'autrui, comme Dieu protège le monde, comme le Christ lave de son sang notre péché…

« La joie est le signe que la vie a réussi »
(Bergson)

LORS D'UNE RETRAITE avec soixante-dix jeunes en Nouvelle-Calédonie, nous avions invité un journaliste de télévision. Il a ainsi pu offrir à une heure de grande écoute des témoignages bouleversants de jeunes de toutes les ethnies en faveur d'une réconciliation. Quelques mois plus tard, il y eut le miracle d'une poignée de mains entre Lafleur et Tjibaou.

Les chrétiens ne se bousculent pas pour développer le « talent » de la communication. Ils y voient, comme pour l'engagement politique, le risque de se salir les mains.

Les médias ayant horreur du vide, si les chrétiens les boudent, on parlera de tout à la radio, à la télévision, dans les journaux et les blogs, sauf des réalités spirituelles. La sphère du religieux sera reléguée au registre du comique ou de la publicité...

Les fils des ténèbres seraient-ils plus ingénieux que les enfants de lumière ?

À mesure que les médias multiplient le visage de l'horreur, n'avez-vous pas envie qu'ils puissent multiplier aussi le visage de la joie ?

Nous avons tort de croire que les réalisateurs sont insensibles au taux d'écoute ! Chaque pays possède la télévision, les radios et les journaux qu'il mérite. Leurs défauts, c'est notre absence.

Enthousiasme : Dieu en nous

Une grande amie, Christiane Singer, vient de quitter ce monde.

Sa spiritualité faite d'accueil à toutes les traditions religieuses m'enchantait. Le style de son écriture était d'une grande beauté. Elle avait trouvé sa vocation en entendant, à l'âge de cinq ans, sa maîtresse d'école lire ces deux vers :

« Un jour sur ses longs pieds allait je ne sais où
Le héron au long bec emmanché d'un long cou... »

Ses conférences étaient données avec passion. Un feu la brûlait de l'intérieur. En l'écoutant, je pensais souvent à quelques propos d'Antoine de Saint-Exupéry.

« Chacun de nous abrite un Seigneur endormi qu'il importe de libérer de sa gangue. » « Je cherche la bienfaisance d'une foi qui puisse créer dans l'âme une exaltation chantante. »

Christiane avait trouvé ce que Saint-Exupéry a cherché. C'est cette « exaltation chantante » qui donnait tant de force à son message !

J'ai parfois le sentiment que nos prédications sont dénuées de joie. Même nos lectures à la messe du dimanche. Nous sommes capables de dire « *Soyez toujours dans la joie* » sur un ton triste.

Christiane, jusqu'au bout, jusque dans les pires souffrances de la maladie qui l'a emportée, n'a cessé de rendre grâces. « J'ai reçu le don de tout magnifier », disait-elle.

Nietzsche ne serait pas devenu le messager de la mort de Dieu s'il avait entendu des croyants comme Christiane. Il n'aurait pas dit : « Il faudrait qu'ils me chantent des chants meilleurs et qu'ils aient des têtes de sauvés pour que je puisse croire à leur Sauveur. »

Réveiller l'archange

STÉPHANE est un de ces enfants qui provoquent le rire lorsqu'ils battent des mains à côté de leurs doigts. Handicapés mentaux, mongoliens, anormaux : les étiquettes, à elles seules, dramatisent leur singularité. Mais Pierre-Antoine, le frère aîné de Stéphane, ne se résigne pas. Il va entraîner son frère : vélo, ski, varappe... Tout est bon qui permet de se dépasser. Et le résultat est fascinant.

« Je veux voir le soleil debout ! » dit Stéphane qui n'admet pas que le soleil, lui, ait le droit de se coucher. Cette phrase claque comme un drapeau. Elle est le titre de ce court-métrage entrevu à la télévision.

« Dans mon établissement, je n'ai que des veaux », me disait un directeur d'école. Si ce qui manquait le plus, c'était ce frère aîné capable de réveiller l'archange qui dort en chacun ? Des forces nous couchent ou nous élèvent selon notre choix intérieur.

Les jeunes ont besoin de découvrir une approche sportive de l'existence où le bonheur de vaincre l'emporte sur la facilité.

Qu'est-ce qu'un bien-être qui ne serait pas le fruit d'une victoire ? Sur une planche à voile, le vent qui nous a arraché le wishbone des mains aurait pu aussi bien nous propulser à vive allure. Les vagues les plus traîtresses s'offrent pour devenir le tremplin de nos joies.

À nous d'en décider. Aucun événement qui ne puisse contribuer à notre ascension spirituelle !

Les bouddhistes ont une belle devise de sagesse : « Toute situation est la meilleure des occasions sur le chemin spirituel. »

Dieu donne les éléments, inventons l'aventure.

Dieu donne le vent. Il nous laisse offrir au vent la voile.

Le stress

UNE JEUNE FILLE me jette à la figure, à l'adresse des chrétiens, cette phrase cruelle : « Vous me dégoûtez avec vos têtes de candidats au bonheur. » J'ai déjà lu cela quelque part[1]…

Entre la plupart des pays du Tiers-monde et le nôtre, une différence saute aux yeux. Chez eux, on se réjouit d'un rien. Un chat qui s'est coincé la tête dans une boîte de conserve et voilà un fou rire familial qui n'en finit pas ! Chez nous, on s'évertue à être triste pour « faire sérieux ».

Sans doute avons-nous des motifs réels d'être nerveux, puisque nous sommes entourés en permanence de gens aigris et coincés. Et rien n'est plus contagieux que la mauvaise humeur !

---

1. Jean Anouilh, *Antigone*, Gallimard, 2007.

Dernièrement, un ami prenait un « coup de sang » contre un automobiliste maladroit. Baissant calmement sa vitre, le chauffard lui dit dans un sourire : « Monsieur, à votre ton, ou bien vous avez mal à l'estomac, ou bien vous êtes cocu »…

Le plaisir est le reconstituant de l'âme

ÊTRE CONTENT de la vie, grappiller des grains de bonheur qui se cachent sous les moindres feuilles, voilà qui est souvent mal vu... On vous soupçonne d'être indifférent au sort de la planète ! Et pourtant le grave Thomas d'Aquin affirmait que « le plaisir est le reconstituant de l'âme »... Celui qui ne sait pas se reposer fatigue les autres.

Les peuples que nous disons « sous-développés » n'ont pas le temps de s'attendrir sur leur sort. Leur vie est trop précaire pour qu'ils puissent s'offrir le luxe de ne pas l'aimer.

Laissez-nous dans l'enchantement des multiples splendeurs de la création.

Refuser les dons de Dieu et, du fond de nos dépressions, croire qu'Il nous a abandonnés, ce n'est pas très cohérent.

Nul ne peut vivre sans extase...

Contenter tout le monde ?

UN SCRUPULE me tourmente au sujet de ces pages : parler des autres frise l'indiscrétion. Parler de soi est impudique. Regarder les autres est une attitude de voyeur. Se regarder soi-même est une forme de narcissisme.

Certains ne supportent pas le mot « je ». À leurs yeux, le projecteur placé sur le « je » des uns fait de l'ombre au « je » des autres. Seules existent les collectivités.

D'autres sont agacés par un discours anonyme.

Je me souviens de mes premières homélies, dans une banlieue de Paris. Mon curé d'alors, un tendre contrarié, me rabrouait chaque dimanche après la messe : « Ce n'est pas d'un exposé de théologie que les gens ont besoin, c'est d'un témoignage vivant, brûlant ; ils veulent une expérience personnelle. Ils veulent entendre un cœur qui bat, une voix venue des entrailles et non ce pipi de chat, tiède, insipide, qu'on vous a enseigné au séminaire. Je hais le genre “sermon” où l’on se cache derrière ce qu’il est convenu de dire… »

Il n’avait pas tort, cet homme ! Mais ce que l’on dit sur un ton de reproche trop humiliant risque bien de n’être pas entendu.

Ce soir, avec plaisir, je retrouve La Fontaine :

« Parbleu ! dit le meunier, est bien fou du cerveau
Qui prétend contenter tout le monde et son père…
Je suis âne, il est vrai, j’en conviens, je l’avoue,
Mais que dorénavant on me blâme, on me loue,
Qu’on dise quelque chose ou qu’on ne dise rien
J’en veux faire à ma tête[1]… »

1. Jean de La Fontaine, « Le meunier, son fils et l’âne », *Fables*.

« *Dieu a tant aimé le monde* »

NI OPTIMISME, ni pessimisme. Je cherche la ligne de crête entre ces deux extrêmes. Une lucidité passionnée, une ferveur qui ne ferme pas les yeux, une Espérance tournée vers l'action. C'est ce cap que je veux suivre.

C'est ce regard que j'essaie de porter sur les malheurs et les beautés de mon époque. Je ne veux abandonner ni les tourments des humains, ni les merveilles de la terre.

Les puissances d'argent l'emportent à travers le monde ; oui, mais elles sont de plus en plus contrecarrées par les défenseurs des droits de l'homme.

Le terrorisme, au nom d'un Dieu « clément et miséricordieux », écrase des milliers d'innocents. Dans le même temps, de nombreux intellectuels musulmans, comme Malek Chebel, disent haut et fort que l'on trahit le Coran.

« Le sel chrétien perd sa saveur » ; parfois peut-être, mais ce n'est ni fatal, ni irréversible.

De plus en plus de chercheurs d'Absolu retrouvent la fraîcheur des Béatitudes et la splendeur de la « miséricordieuse tendresse de notre Dieu ».

En Amérique du Sud, en Europe de l'Est, en Asie, en Afrique du Sud les chrétiens bougent. C'est parmi eux que l'on trouve les prix Nobel de la paix.

Quand les ingrédients d'une catastrophe sont rassemblés, nous sommes invités à décupler les énergies de l'espoir.

L'eau venant à manquer, les poissons préhistoriques se sont inventé des poumons et des pattes pour sortir de la vase.

Je crois en la bonté foncière de la vie. Des forces de mort se sont toujours acharnées contre l'homme. Elles en veulent à sa peau. Elles convoitent son âme. Devant ces menaces, l'homme apprend à vivre au coude à coude avec ses semblables. Un « dernier carré » rassemble toutes les forces de vie et c'est encore et toujours elle qui l'emporte. C'est dans cette lutte jamais achevée que l'homme apprend la solidarité. Le soleil de cette fraternité domine l'ampleur de l'ombre. Il ne justifie pas le mal, il en propose une explication. Le mal crie l'absence de l'amour. Il en décuple le désir.

Établissons des passerelles entre les hommes de bonne volonté.

Il y a lieu de tout mettre en œuvre pour éteindre les foyers de haine, au Moyen-Orient, en Irak, au Darfour, au Tibet… bientôt ailleurs.

Apprendre à s'écouter, à se comprendre, à s'aimer. L'amour est devenu une question de vie ou de mort !

Les vertus amidonnées

« JE SUIS en froid avec l'Église. Les généraux argentins allaient à la messe et ils ont persécuté leurs compatriotes », me dit une jeune femme, originaire d'Argentine.

Les chrétiens n'ont pas le monopole de l'amour. Et je comprends bien, amis qui ne partagez pas notre foi, que vous soyez ulcérés par nos comportements lorsqu'ils sont aux antipodes de ce verbe *aimer* dont nous croyons posséder la clef.

Si nous savions vous entendre, vous que nous avons tant déçus, nous pourrions identifier nos faiblesses et savoir de quoi notre *Sauveur* est venu nous sauver. Au lieu de vous écouter, nous avons cultivé la culpabilisation à propos de babioles pour mieux oublier cela seul qui tue. « *Vous filtrez le moustique et avalez le chameau* », disait Jésus avec un humour mordant. « *Vous êtes méticuleux sur les détails et insensibles à l'essentiel.* »

La proportion de coincés, de pisse-vinaigre et de refoulés est-elle plus grande chez nous que dans les autres groupes humains, des agnostiques aux Témoins de Jéhovah en passant par les joueurs de pétanque ? Selon vous, nous serions tatillons, maniaques, empreints d'une vertu amidonnée, attiseurs de zizanie, et j'en passe !

Ne croyez surtout pas que ce soit dans les Évangiles que nous trouvons l'inspiration de ces mesquineries lorsqu'elles existent. C'est lorsque nous sommes infidèles à Dieu que nous tombons dans ces déviances qui suscitent votre indignation.

Au premier plan de vos griefs à notre égard nous retrouvons les attitudes qui ont provoqué la mise à mort de Jésus-Christ. L'extrême cruauté des modèles de vertu devant de pauvres humains tombés dans les filets du mal ordinaire, voilà ce que Jésus a stigmatisé avec le plus de force. C'est pourquoi ceux qui se sentaient les plus visés ont jugé sa présence intolérable.

En se laissant mourir dans la plus abjecte cruauté après un procès d'intention totalement injuste, le Christ n'a-t-il pas débusqué la racine du mal ?

À côté des reproches que nous adresse Jésus, comme les vôtres sont légers ! N'est-ce pas à ce sujet qu'Il a prononcé les mises en garde les plus terribles : « *Pourquoi regardes-tu la paille qui est dans l'œil de ton frère, et ne t'aperçois-tu pas de la poutre qui est dans ton œil ?* » (Mt 7, 3), « *Races de vipères, comment pourriez-vous dire de bonnes choses, méchants comme vous l'êtes ?* » (Mt 12, 34), « *Malheur à vous, scribes et Pharisiens hypocrites, qui ressemblez à des sépulcres blanchis* » (Mt 23, 27), « *Si le sel a perdu sa saveur, avec quoi sera-t-il salé ? Il n'est plus bon à rien qu'à être jeté dehors et foulé aux pieds par les hommes* » (Mt 5, 13)...

Chers passants qui piétinez notre sel affadi, comme vous avez raison !

Ce n'est pas certain qu'il y ait plus de teigneux chez nous qu'ailleurs. Mais peut-être sommes-nous plus menacés que d'autres par les infiltrations d'un adversaire invisible. Son acharnement contre les messagers de l'Évangile n'a d'égal que sa haine du Message !

Ne jugez pas le Christ sur nos infidélités les plus notoires à Son appel. Autant reprocher à Rembrandt le coup de couteau d'un fou qui a déchiré sa plus belle toile !

Jésus-Christ m'engage à avoir mal aux autres et à faire vœu de tout magnifier.

Vivre est un art

APRÈS CHAQUE séjour à l'étranger, j'entends l'inévitable question : « Sont-ils plus heureux que nous ? »

Que savons-nous du bonheur ? Y a-t-il un bonheur-étalon, déposé au pavillon des poids et mesures ? Le bonheur est-il affaire de Rolls et de char à bœufs ?

J'ai vu des enfants de milliardaires pleurer de solitude sur leur yacht. Dans les bidonvilles les plus sordides du monde, à Manille, à São Paulo, à Rio, à Lima, à Soweto, à Santiago, au Caire… j'ai vu des enfants gais, drôles, superbes, vivants… La qualité des liens qui nous font vivre, voilà la vraie richesse. Déserter son idéal, telle est la grande souffrance.

« Ne demandez pas à Mermoz si une lettre, de marchand peut-être, valait le risque d'y laisser sa vie en franchissant les Andes, Mermoz rira de vous. La vérité, c'est l'homme qui naissait en lui lorsqu'il franchissait les Andes » (Saint-Exupéry).

En voulant épargner tout effort, en comblant les désirs avant qu'ils aient eu le temps de naître, on rend des enfants inaptes au bonheur.

Le scoutisme de ma jeunesse était la plus belle école de la vie ; l'exigence et l'amitié allaient de pair.

Boris Cyrulnik, dans quelques-uns de ses livres, montre que les parents ne doivent être ni trop distants ni trop protecteurs.

Ému devant les efforts démesurés du papillon qui cherche à sortir de sa chrysalide, si, croyant l'aider, on élargit l'orifice de sortie, alors le papillon mourra.

Le bonheur est de s'accomplir, de réaliser les rêves de Dieu sur nous ; apprendre l'urgence et la beauté de l'amour. Soljenitsyne l'a mieux appris au goulag que Néron dans ses palais.

Le bonheur consiste à se réaliser, à donner du sens à sa vie, à n'être pas avare de tendresse, à se défaire de toute rancœur, de toute rancune. Le bonheur est de faire émerger en nous notre dimension divine. « *Yahvé prendra plaisir à ton bonheur… Je te propose la vie ou la mort, la bénédiction ou la malédiction* » (Dt 30, 9.19).

Certains y parviennent plus facilement dans la pauvreté que dans l'accumulation des richesses.

Charles de Foucauld, évoquant une époque où il dilapidait sa fortune immense, disait de lui : « J'étais pire qu'un porc. » Devenu le plus pauvre des hommes, il rayonnait.

Cruauté ordinaire

CONVERSATION entre deux femmes, entendue dans un train de banlieue :

« Tu sais pas t'exprimer, qu'est-ce que tu veux que je te dise ! Tu sais pas, tu sais pas…

— Pourquoi tu me dis ça ? Je t'ai rien fait.

— Je te dis ça parce que c'est vrai ! Il faut que quelqu'un te dise tes quatre vérités… Si tu voyais cette tête d'abrutie que tu te paies !

— Merci, c'est très agréable !

— Moi, je suis franche, tu comprends. Les autres, ils te crachent à la figure par-derrière. Moi, je te dirai toujours ce que je pense. Moi, c'est comme ça. C'est ma plus grande qualité. Si je te trouve bête, je vois pas pourquoi je me priverais de te le dire… »

Étonnante, cette manie de se défouler sur ses semblables ou de croire que l'on possède la vérité de leur être. Quel malheur pour ceux qui se regardent dans les yeux des autres, ceux qui se voient tellement laids dans ces yeux-là !

Seul l'amour ensoleille la vie. « Quand on est aimé, on est justifié d'exister », a écrit Sartre. Oui, le même qui avait écrit : « L'enfer, c'est les autres ! »

L'enfer, c'est les autres… bien sûr, lorsque nous ne les aimons pas.

L'union à Dieu peut faire naître en nous l'amour pour celui que nous n'aimons pas. Elle multiplie par cent ou par mille l'amour pour ceux que nous aimons. « Je t'enseignerai l'amour par l'exercice de la prière » (Saint-Exupéry).

Un maniaque ou un teigneux devenant chrétien, cela peut faire un chrétien de plus, mais pas toujours un maniaque ou un teigneux de moins. Les athées, lorsqu'ils évoquent la religion, parlent souvent de personnes tatillonnes et mesquines, refoulées, colporteuses de ragots, briseuses de réputation.

Les médias qui façonnent l'opinion ne sont pas très honnêtes. Je pense à un film vu récemment à la télévision. On y montrait des religieuses du XIXe siècle qui étaient de vraies sadiques.

On ne juge pas un chien sur sa gale.

Nous avons droit à l'erreur

DES AMIS m'ont prêté une planche à voile. Il souffle sur la mer un vent de force 6. Pendant deux heures je m'en donne à corps joie.

Si vous êtes la proie de l'angoisse, ce remède semble plus efficace que des pilules euphorisantes. Lorsque le corps a enfin trouvé la bonne inclinaison, dominant sa peur, quelle allure ! Lorsque le corps obéit aux désirs de l'esprit, quelle victoire ! La planche, toute vibrante de plaisir, joue à saute-mouton sur les vagues.

Au changement de cap, tout se complique. Les jambes flageolent sur un plancher traître. Le vent est bien décidé à vous arracher la voile des mains. À la force des poignets, vous résistez avec une énergie de moins en moins convaincante. Et clac ! Au moment où vous vous croyez reparti, un coup de vent vous envoie cul par-dessus tête. Grelottant mais têtu, vous vous hissez sur la planche en vous demandant si vous n'êtes pas un peu « maso » !

Ma première heure de ce sport m'a laissé le souvenir désopilant d'un bain forcé à la minute.

Merveilleuse parabole ! Avoir droit à l'erreur, droit à la chute. Apprendre le magnifique art de vivre à force de bouillons et de brouillons, sans colères inutiles.

Accepter avec humour ses échecs qui font partie du programme. Se relever aussi souvent qu'il le faudra pour capter, au mieux, le vent de l'aventure. Vivre est plus grisant que de commenter, du haut de la tribune, les chutes des copains.

« *J'ai tant aimé ce monde où habite Ta gloire* »

JE RENTRE d'une retraite avec 250 personnes, dans les Alpes. Après des confidences extrêmement douloureuses, comment ne pas dédramatiser… pour tenir bon !

« *Laisser ma tristesse, reprendre courage* », dit la Bible (Jb 9, 27). Une retraitante écorchée par diverses épreuves estime que mon humour n'est pas de mise…

« Il n'y a rien de plus subversif que la joie. Elle renverse les murs de béton de nos sécurités et de nos pauvres réussites ; elle instaure, dès aujourd'hui, au travers de nos larmes, ce paradis retrouvé qui est déjà celui des poètes et des saints ; qui pourrait être le nôtre si nous n'étions pas trop encombrés de nous-mêmes pour en reconnaître la présence. » Ainsi parlait Philippe, un religieux qui me fit découvrir Jésus-Christ, il y a plus d'un demi-siècle.

Par moments, je sens, chez ceux que je rencontre, une telle tristesse ! Que de compétences et de bonnes volontés sont alors mobilisées pour tenter de les sortir de leur mal-être ! Les maladies de l'angoisse, de la solitude et du sentiment de non-sens de la vie s'accumulent. L'Occident a oublié Celui qui est la Source de la Joie.

La tristesse est contagieuse, elle engendre un individualisme forcené. « C'est pas mon problème ! » est la parole la plus souvent entendue.

Ma foi en Dieu, en la vie qu'Il donne, attire les désespérés comme le miel attire les abeilles. Ceux qui sont en panne d'amour de la vie vont là où on aime la vie. Un humble berger qui joue de sa flûte sous un chêne devient le signe que la vie est réussie.

Il faut se défendre contre la contagion du « tout est perdu », « c'est fini », « il n'y a plus rien à faire ».

Rien n'est perdu. Rien n'est fini. Il y a toujours quelque chose à faire. « C'est la nuit qu'il est beau de croire à la lumière » (Socrate).

Avec un médecin psychiatre, nous avons proposé un chemin de guérison[1].

L'amour de Dieu pour chacun de nous n'est pas un désir pris pour une réalité. Cet amour s'est concrétisé dans des regards, des voix. Je n'ai inventé ni l'abbé Pierre, ni Jacques Lebreton, ni le père Ceyrac, ni Olivier Clément, ni le cardinal

---

1. Yves Prigent et Stan Rougier, *La dépression : une traversée spirituelle*, Desclée de Brouwer, 2006.

Etchegaray, ni Christiane Singer, ni sœur Emmanuelle… En ces hommes et ces femmes, Dieu a laissé une trace de Son passage.

Sous les cendres de nos espoirs dévastés, puissions-nous découvrir à notre tour, grâce à de tels témoins, les braises d'un Amour fou !

La vie est sacrée

Je ne suis pas le premier et ne serai pas le dernier à avoir eu de fortes envies de mourir. Mourir, c'était seulement dire un « non » définitif à la souffrance. L'angoisse à son retour aurait trouvé porte close : « Parti sans laisser d'adresse. »

Depuis que je suis le passager de ce bateau ivre errant au milieu d'un océan d'étoiles, déjà plus de cinquante personnes qui m'étaient chères ont sauté par-dessus bord.

Plus nombreux sont ceux et celles que j'ai pu dissuader de mettre fin à leurs jours. Ils ont fini par découvrir la saveur unique de la vie. S'acceptant avec leurs limites, ils ne faisaient plus le vide autour d'eux. Ils accueillaient les bribes d'amour éparses au lieu d'attendre des humains un amour parfait, divin.

Je crois que nous sommes au monde pour une aventure spirituelle aussi prodigieuse qu'inéluctable. Interrompre le cours de notre destinée ne brise, en réalité, que son décor. Dans les textes sacrés de l'Inde, ce « parcours » peut nécessiter des dizaines de siècles, des centaines de réincarnations.

La croyance chrétienne en un « purgatoire » est-elle tellement éloignée de cette théorie ? Celui dont le suicide fut entaché d'égocentrisme, oubliant qu'il augmente le fardeau de ceux qui restent, peut se retrouver « de l'autre côté » avec de nouveaux obstacles à franchir. Il ressemble au passager d'un bateau, incommodé par le roulis et qui, changeant d'embarcation, retrouve la même nausée. Personne ne peut abréger ou contourner l'évolution qui le fera naître. Lorsqu'un enfant réduit à cinq ou six mois son séjour prénatal, il ne marchera pas plus tôt pour autant.

Un monde nouveau se prépare « *dans les douleurs de l'enfantement* » (saint Paul). D'autres conditions d'existence nous sont promises ; un Royaume sans cruauté, sans jalousie, sans angoisse, sans mépris, sans procès d'intention, sans humiliation. La Bible résume : « *Il essuiera toute larme de leurs yeux : de mort, il n'y en aura plus ; de pleurs, de cris et de peines, il n'y en aura plus* » (Ap 21, 4). En ces quatre mots, tout est dit ! Un jour nous serons libérés de ce qui nous « pourrit » la vie, un jour ce qui nous étouffe et nous tue aura disparu. Tout est résumé en ces mots de l'Apocalypse, de ce qui fera basculer l'écœurement du plus meurtri dans l'émerveillement du plus comblé. Il n'y aura plus que l'amour et ses extases.

Si nous savions les joies qui nous attendent, nous serions prêts à tout endurer pour devenir enfin capables d'un tel éblouissement !

« *J'en ai l'assurance, les tourments d'aujourd'hui sont sans commune mesure avec les joies préparées pour nous* », dit saint Paul (Rm 8, 18). Il se répète dans une autre lettre : « *La souffrance d'un moment nous prépare, au-delà de toute mesure, une immensité éternelle de bonheur* » (2 Co 4, 17).

C'est bien en ce monde-ci que notre évolution spirituelle se prépare. C'est bien dans le temps présent que nos amitiés éternelles s'ébauchent.

Dans sa hâte de voler, un futur pilote de ligne méprise-t-il les stages d'instruction ? Une future danseuse étoile n'a-t-elle que dédain pour ses cours de danse ? Un futur médecin néglige-t-il les cours de la fac de médecine ?

C'est l'amour et l'amour seul qui sera notre visa pour entrer dans l'éternité. Comment pourrions-nous ne pas lutter de toutes nos forces contre ce qui décourage nos frères de vivre ?

Quelques grains d'humour…

Les sièges où les chanoines chantaient autrefois l'office peuvent se relever. Lorsque la liturgie imposait une station verticale à un chanoine âgé (pléonasme), il pouvait caler son fondement sur une pièce de bois nommée « miséricorde », située sur la partie relevable du siège. En visitant la cathédrale de Rodez, je m'aperçois que les miséricordes sont des petits chefs-d'œuvre d'humour. L'une d'elles représente une énorme paire de fesses nues. Leur propriétaire les exhibe, sans vergogne, vous regardant en riant, par en dessous.

Je ne sais si le sculpteur du Moyen Âge fit un pari ou s'il voulut donner une leçon d'humilité aux chanoines. Dans les deux cas, il a gagné !

Un de mes amis raconte : « Je venais de concélébrer à Rome avec le pape. À la sacristie, en aube et étole, je m'approche de lui et lui dis : "Très Saint Père, je viens solliciter une bénédiction pour mon épouse et mes cinq enfants." Le pape sursaute, puis, voyant la position de mon étole, se ravise et dit en souriant : "Ah, oui ! Diacre marié !" »

Dans la série « Pannes de communication », voici un gag qui est, m'a-t-on dit, une histoire vraie : un évêque s'apprête à célébrer devant six ou sept mille diocésains, assemblés dans une prairie. Du haut de son podium, il va prononcer les paroles d'ouverture de la messe : « Le Seigneur soit avec vous ! » Il s'aperçoit que le micro est en panne. Écartant les bras en signe d'impuissance, il articule : « On a des difficultés avec la sono ! » Le peuple de Dieu, qui n'a évidemment rien entendu, répond vigoureusement d'une seule voix : « Et avec votre esprit ! »

Je me souviens de la déprime d'un ami qui avait eu à encaisser la très mauvaise humeur de son patron. Une religieuse marseillaise de soixante-quinze ans lui avait fait retrouver son sourire en lui disant, avec un accent savoureux : « Tu ne trouves pas que prendre les imbéciles au sérieux, c'est l'être un peu soi-même ? »

Bouddha, dans une circonstance semblable, avait demandé à celui qui l'avait humilié : « Si quelqu'un refuse d'accepter un cadeau qu'on lui offre, à qui appartient-il ?

— À celui qui l'offrait.

— Je refuse d'accepter vos paroles méchantes. Gardez-les pour vous-même. »

La patiente d'un psychiatre giflait son médecin au moment de le quitter. Il se contentait de s'essuyer la joue en silence. Une secrétaire, témoin de la scène, manifesta son étonnement. Le médecin répliqua : « Pourquoi me sentirais-je offensé ?... C'est son problème ! »

Sinistrose

CERTAINS JEUNES étouffent dans un monde où tout ce qu'il faut dire, penser, croire, est programmé. Ils voudraient, même s'ils en ont peur, prendre le risque d'être « eux-mêmes ».

« Notre hargne, c'est de la tendresse rentrée », m'écrivait l'un d'eux.

Lorsqu'on interrogeait Yves Montand sur sa vie, ses passions, ses convictions politiques – il était naturel, humain, libre… –, on respirait. Il n'avait de comptes à régler avec personne. Sa fougue, son énergie, sa présence n'en voulaient qu'à l'injustice, à l'humiliation, à l'intolérance.

Je conjure les médias de nous faire entendre ceux qui ont un regard enthousiaste sur l'existence et sur le monde.

Entre dans la louange

JE POURRAIS écrire tout un livre pour raconter les extases ressenties au cours de mes jeunes années ; les marches des nuits entières au clair de lune dans la neige, l'odeur des jardins après la pluie, les promenades sous l'eau la nuit dans l'océan, devenu poisson grâce à des bouteilles d'air, au milieu de milliards de bestioles phosphorescentes. Rien de tout cela ne m'aurait touché si j'avais pensé : « Ce ne sont là que des matériaux en vrac, sans signification. Il n'y a personne. Le ciel est vide ! »

Une présence mystérieuse se cachait et se dévoilait dans ces splendeurs – extrême gratitude envers les éducateurs scouts de ma jeunesse. Nous faire dire « Le scout voit dans la nature l'œuvre de Dieu », c'était nous arracher au néant.

La force de Dieu s'étalait dans la brume des prairies. La douceur de Dieu baignait dans la clarté de la lune.

Je ne percevais que très confusément Qui était ce Dieu, mais à travers la Création, le Créateur montrait Son immensité, Sa puissance et Sa beauté. J'étais peut-être hindou sans le savoir… « Dieu pèse dans la pierre, pousse dans la plante, respire dans l'animal, pense dans l'homme » (Upanishad).

« La nature est là qui t'invite et qui t'aime », disait un de mes auteurs préférés. Mais « la Nature » était une froide abstraction.

Devant chaque parcelle de cet univers, un Être mystérieux semblait me dire : « Entre dans la louange. » C'était « quelqu'un » et non « la Nature » qui m'invitait et qui m'aimait.

Les innombrables beautés de l'univers étaient là pour nous conduire à Lui, cet Être vertigineux. Elles étaient des messagères comme la colombe de Noé. Je pensais que, vraiment, le Créateur ne s'était pas fichu de nous !

Lors d'une centaine de camps avec des jeunes, les moments qui ont laissé le plus de traces furent des pauses dans des paysages prodigieux. Là nous écoutions des paroles de la Bible faisant l'éloge de la création. Les psaumes et le livre de Job en sont bien pourvus.

Éloge de la tendresse

Je t'aime, donc tu es...

FOLLEREAU raconte l'histoire d'un lépreux qui a besoin chaque jour, par une échancrure de la palissade, de retrouver sa dignité dans le regard de celle qui l'aime.

Je pense à cela devant tant de jeunes qui me répètent : « Je ne suis bon à rien ! Je suis inutile ! Je suis de trop. » Je leur dis : « Ne te réveille jamais sans un sentiment d'extase, de miracle. Tu existes. Tu as le privilège insensé d'être invité à partager la Joie de Dieu pour toujours. »

Qui saura dire ce qu'il a fallu d'efforts et de luttes pour parvenir à ce prodige : toi ? Il a fallu cette ascension lente et têtue de la vie qui durant des millions d'années compose son plus précieux trésor.

Es-tu obnubilé par des déclarations de non-amour ? Es-tu refroidi par l'ironie jalouse des désœuvrés ? Quelqu'un ne t'a-t-il jamais regardé en te disant « Tu as du prix à mes yeux. Tu comptes beaucoup pour moi » ? Ce jour-là, tu pourrais naître. Encombré de tristesse, la tête voilée de noir, peut-être ne parviens-tu pas à le reconnaître.

Comment alors pourrais-tu apercevoir un Dieu amoureux fou de toi qui te répète inlassablement : « Je t'aime… »

Il n'est pas loin, Il est au-dedans de toi. Lorsque Charles de Foucauld se découvre aimé de Dieu, il entre dans une joie qui ne cessera plus jamais.

Vraie et fausse tendresse

« LA CORRUPTION du meilleur est la pire des choses. »

Il y a des ramollissements du cerveau ; cela donne le gâtisme. Les ramollissements du cœur sont pires.

La vraie tendresse, c'est l'amour de l'autre en ce qu'il a d'imparfait, d'inachevé. Trop souvent, nous ne connaissons l'amour que sous son mode d'attraction et de séduction. « *Si vous n'aimez que ceux qui vous aiment, que faites-vous de plus que les païens ?* » nous dit Jésus.

La vraie tendresse vers laquelle voudrait nous conduire Jésus-Christ est celle qui « fait briller le soleil de Dieu sur les méchants comme sur les bons, qui accorde Sa pluie aux injustes comme aux justes ». C'est celle d'André Dunant, de Raoul Follereau, de l'Auvergnat de Brassens, celle de Woody Allen, de Lech Walesa et de Desmond Tutu… Je n'y vois rien de mièvre, rien de romantique, ni de lénifiant.

« Je combats pour la bonté, multipliée, inépuisable… Il me reste une foi absolue dans le destin de l'homme, la conviction chaque jour plus consciente que nous approchons de la grande tendresse[1]. »

Que Dieu protège les couples menacés par la fusion !

Chacun doit devenir lui-même et non se fondre dans un moule. « Aimez-vous les uns les autres. » Il n'est pas dit : « Aimez-vous les uns les uns » !

« Si l'un des époux ne supporte pas que l'autre vibre, vive et aime en dehors de sa présence, s'il se met à rêver d'être la seule source de son bonheur, il peut avoir au moins une certitude : celle de devenir très vite la seule source de son malheur[2]. »

La tendresse véritable se réjouit, s'émerveille que l'autre existe. Elle s'enchante de sa différence. Elle s'efforce de mettre en œuvre ce dont il a besoin pour concrétiser ses rêves… ses rêves à lui !

---

1. Pablo Neruda, *J'avoue que j'ai vécu*, Gallimard, 1987.
2. Christiane Singer, *Éloge du mariage, de l'engagement et autres folies*, *op. cit.*

Des éblouissements et des peurs

LORS D'UN EXAMEN de mon sang après une embolie pulmonaire massive, un médecin vietnamien me dit avec son bel accent asiatique : « Je ne comprends pas très bien comment un chrétien peut se faire du mauvais sang. »

Je suis comme les clowns, avec des élans et des retombées, des éblouissements et des inquiétudes. Ma joie est une angoisse surmontée. À les recenser, j'amplifierais mes peurs et mes doutes. Je préfère raconter mes ferveurs. Alors, vous ne saurez pas tout. Ce livre est une éphéméride dont les pages nocturnes ont été arrachées.

Ne perdez pas votre temps à jalouser ma bonne humeur : la source de cette joie est à tous. Elle se nomme « *Notre Père qui es aux cieux* » (ce qui en bon hébreu veut dire « qui es Dieu »).

Ma principale souffrance est de ne pas ressentir la présence de Dieu. Il est hors de portée de nos sens. Nous ne pouvons L'aimer qu'au régime de la foi. « C'est de nuit », disait Jean de la Croix. Depuis que les écrits intimes de mère Teresa ont été publiés, nous ne pouvons plus avoir honte de cette souffrance. L'antenne pour capter les messages de Dieu ne se déploie que dans le silence, le recueillement et le retrait. Tout cela est devenu un luxe en Occident. À force de répéter que la prière est une fuite, nous avons fini par le croire.

Parfois, dans la solitude, je crie vers Dieu ce chant de Gilbert Bécaud : « Tu m'as laissé la terre entière, mais la terre, sans Toi, c'est petit ! » Lorsque l'on y discerne la présence de Dieu, comme ce monde est beau ! Parfois, l'émotion nous submerge. Comme un fusible sous un courant trop intense, notre cœur se met à fondre.

Messagers

L'ABEILLE butine de fleur en fleur. Saurait-elle dire pourquoi ?

Eſt-ce pour son seul plaisir ? N'eſt-elle pas guidée par un inſtinct qui la dépasse ? Se sait-elle au service d'un Chef d'orcheſtre qui l'a inventée ?

Elle amasse pour d'autres des perles de miel. Il arrive aussi que des sacs de pollen lui tombent sur la tête. Lorsqu'elle ira sur une autre fleur, elle y transportera ces trésors inattendus. La poudre d'or ira se loger sur des piſtils en attente. Un fruit naîtra de cette rencontre.

Nous sommes ainsi les uns pour les autres, ambassadeurs, porteurs de messages, souvent à notre insu.

Une France arc-en-ciel

ÉVOQUANT « les difficultés de chaque famille de migrants, les privations, les humiliations, les restrictions et la fragilité de millions et de millions de migrants, de déplacés internes et de réfugiés », le pape Benoît XVI déclarait le 14 janvier 2007 : « L'Église encourage la ratification des instruments internationaux légaux visant à défendre les droits des migrants, des réfugiés et de leurs familles. »

Voilà comment Jésus a répondu à la question « Qui est mon prochain ? » : un Français est accidenté au bord de la route. Un prêtre passe son chemin, un professeur d'école catholique en fait autant. Vient un musulman qui porte le blessé à l'hôpital et signe un chèque en blanc pour les dépenses. Il conclut sur un appel : « Lequel de ces trois hommes s'est montré le prochain de l'homme blessé ? »

L'accueil de Jésus aux marginaux et aux étrangers fut la cause principale de la haine dont il fut l'objet, et donc de sa mort.

La lecture de ce texte d'Évangile, lorsque j'avais vingt-quatre ans, étudiant à Paris, m'avait tellement bouleversé que j'avais, pendant trois mois, hébergé dans ma chambre un Nord-Africain. Chaque jour, Saïd et moi, nous cherchions du travail pour lui. C'était tout un univers, toute une culture, tout un monde qui entrait dans ma vie. Le cadeau de son amitié dépassait mille fois les risques que je prenais vis-à-vis de ma logeuse.

Le chauvinisme et la xénophobie nous replient sur nos coutumes, nos mœurs, nos problèmes. Nous ne sommes même plus conscients de ce rétrécissement du cerveau et du cœur, cause de toutes les guerres.

Le racisme commence en jugements sommaires sur une différence qui fait peur. Il peut conduire au génocide. L'enfer a sa logique. Le mal s'insinue sous des masques anodins et nous pousse insensiblement vers l'horreur. Quiconque a prononcé les mots « Sale juif » entre 1930 et 1940 est complice des camps d'extermination[1].

Nous sommes tous frères, embarqués sur un même navire. C'est le monde entier qui compose la famille humaine. La variété des races, des

1. *Cf.* A. Cohen, E. Wiesel, etc.

cultures, des mentalités est une source d'échanges spirituels incomparables. Comme les pièces d'un puzzle, nos limites sont comblées par les talents des autres. Les différences, qui font si peur lorsqu'on ne s'aime pas, deviennent notre trésor le plus précieux lorsque nous nous aimons. C'est parce que l'autre est autre qu'il est tellement passionnant.

« Ta différence m'augmente », disait Saint-Exupéry.

N'est-t-il pas mesquin de se demander quel taux d'étrangers nous sommes capables d'accueillir ? Mieux vaudrait modifier nos modes de penser et de vivre, pour ne pas être amenés à fermer la porte au nez de nos frères.

Une des premières paroles de Dieu à Moïse est celle que nous pourrions graver au fronton des églises : « *Le Dieu des dieux chérit l'immigré… Vous aimerez donc l'immigré. En terre d'Égypte, n'étiez-vous pas vous-mêmes immigrés ?* » (Dt 10, 18).

France, pays façonné par les immigrations des Goths, Burgondes, Francs, Romains, Basques, Normands… France, pays aimé à travers le monde pour ton génie d'ouverture et de tolérance ; France, carrefour des nations, terre d'accueil, terre d'asile, tes cinq millions d'immigrés pourraient être la plus belle fleur de ton blason. Lorsque tu ouvres tes frontières, n'oublie pas d'ouvrir aussi ton cœur !

Sauvé parce que Sauveur

En ce temps où trop de jeunes arrivant sur le marché du travail se voient fermer la porte au nez, est-ce utopique de penser qu'il y a des chantiers qui s'ouvrent à ceux qui veulent sauver les plus petits, les plus innocents ?

J'ai vu tant et tant de jeunes auxquels j'avais conseillé de partir en coopération revenir métamorphosés ! Fini leur cynisme, fini leur refus systématique de toute contrainte, fini leur sentiment d'être nés pour rien… Ils avaient sauvé au moins une vie humaine. Quelque part, dans le monde, quelqu'un pouvait leur dire : « Je vis parce que tu existes. »

C'est en faisant de nous des sauveurs que le Seigneur fait de nous des sauvés. Il nous faut penser toutes choses à partir de ce seuil.

Qui est-Il, Dieu ?

LES PREMIERS jours de Dieu sur terre sont ceux d'un réfugié. Il naît dans un débarras. Ses derniers jours seront ceux d'un exclu.

Dans la mangeoire de Bethléem, Dieu est nu. Bientôt, au gibet des condamnés de droit commun, Il sera nu.

Avoir besoin d'amour pour vivre, dans l'éternelle Trinité, c'est cela être Dieu !... Un Dieu mendiant d'amour... désirant tirer de nous, comme par une gravitation libre et inexorable, l'amour qui est Son être même.

« Dieu S'est fait homme pour que l'homme soit fait Dieu » (saint Irénée).

Tarir l'amour

On me demande parfois à quoi ressemble le diable. Je ne lui vois ni cornes ni fourche. Je le reconnais dans mon miroir lorsque je me prends en flagrant délit de dénigrer mon prochain.

Au livre de Job, Satan, *l'Adversaire*, vient trouver Dieu pour calomnier les hommes.

Satan, que la Bible nomme « l'accusateur », cherche à tarir l'amour à sa source. Comment aimer celui dont on ne veut regarder que les points faibles ? Notre seul reproche est qu'il n'a pas répondu à notre attente. Nous nous sentons invités à le rejeter plus encore... pour nous justifier de ne pas l'aimer ! Cela explique sans doute que certains êtres deviennent des têtes de turc, décharges de nos aspirations inassouvies, boucs émissaires de nos comptes à régler.

Ces jours-ci passent en jugement cinq personnes qui ont torturé à mort un jeune garçon.

Ils lui ont fait boire de l'acide chlorhydrique. La haine eﬆ la trace du démon.

Ce qu'ont fait récemment un certain pédophile et sa complice relève de la même rage de détruire.

Parfois, les œuvres de Satan sont portées aux nues par les foules : Hitler, Staline, Mao, Pol Pot…

Belle-mère – belle-fille

POUR LE BAPTÊME d'Éric, sa grand-mère avait apporté un appareil photo. « Je peux ? » avait-elle demandé timidement. Y a-t-il spectacle plus beau que cette source divine sur un front de petit d'homme, cette flamme de Dieu brillant dans un regard d'enfant ?

Dans la chapelle où nous étions pour ce baptême, je prévenais la grand-mère des moments les plus précieux à graver sur le papier. Cela ne fut pas du goût de sa belle-fille : « Nous avions besoin de recueillement, de dignité, de noblesse, de silence. Ce cirque de photos était vulgaire, cela m'a tout gâché ! »

Elle est frustrante, la condition humaine ! Ce qui met l'un en joie peut exaspérer l'autre.

De part et d'autre, on avait de bonnes raisons pour souhaiter ou refuser les images. Qui devait renoncer ?

« *L'amour supporte tout* », dit saint Paul. Lorsque l'amour n'est pas là, tout peut devenir insupportable.

Tous solidaires

« AUCUNE FEUILLE ne jaunit sans le consentement de l'arbre tout entier[1]. »

« Ne pas juger », « ne pas condamner », voilà l'obsession d'un Dieu amoureux fou de tout homme… Pour Jésus, un assassin peut devenir en un instant le premier des élus (bon larron), un apôtre peut devenir le plus lâche des assassins (Judas).

Lorsque j'étais à l'hôpital, le combat contre des maladies mortelles était clair. L'ennemi pouvait être repéré. Les systèmes de défense pouvaient être mis en place. Le mal moral, lui, est diffus ! Il a tellement de complicité en nous ! Allez donc isoler le bacille de l'orgueil, le virus de la jalousie, le microbe de la domination, le cancer du racisme, la peste du procès d'intention !

1. Khalil Gibran, *Le Prophète*, LGF, 2007.

L'amour à l'étude

TROIS MILLIONS d'enfants meurent chaque année du paludisme, un enfant meurt chaque seconde de malnutrition. Saura-t-on jamais combien d'enfants meurent d'humiliation de par le monde ? Ils continueront à survivre en cachette, froids et durs comme des tombes…

La psychanalyse a cherché les mécanismes du mal et du malheur. Elle a mis l'amour à l'étude.

Est-elle allée assez loin ? Elle a oublié ce que Dieu a crié à en perdre la vie.

Le Dieu d'Ézéchiel, devant un petit avorton couvert de sang, a un mouvement d'extase : « *Vis ! Et je te fis croître comme l'herbe des champs* » (Éz 16, 6) et il propose à cette petite fille devenue grande des épousailles éternelles.

Contre ce Dieu infiniment Père et infiniment Aimant, se dresse l'anti-Amour, « *l'Accusateur de nos frères* ». Son combat ne finira qu'à la fin des temps. Mais l'amour seul aura le dernier mot.

Famille, je vous aime

LES JEUNES ont parfois des paroles acides sur leur famille. Ils en attendent le paradis. « Pourquoi n'êtes-vous pas des dieux, vous, mes parents ? » Ils restent sur leur faim. Ils ne savent pas encore que le décalage entre rêve et réalité fait partie de la condition humaine... Comme il est précieux de rester sur sa faim, de désirer toujours, de n'être jamais rassasié !

Un être humain est appelé à l'existence pour être « épousé » par Dieu, vivre éternellement dans l'émotion de Sa tendresse. Quel miracle !

La famille est le premier terreau de cette plante fabuleuse à un unique exemplaire, toi !

Dans Son génie créateur, Dieu a associé les humains à la transmission de la Vie... Et non seulement la Vie, mais l'âme de la vie, sa sève : l'Amour.

L'Amour de Dieu pour nous se traduit tout d'abord par l'amour de cet homme et de cette femme : nos parents. Auprès d'eux, durant nos premières années, nous avons fait provision de tendresse pour la traversée de la vie. Ce sont eux qui nous ont appris à aimer. Le voyageur prend des forces avant une longue marche dans le désert.

Mieux vaut un gourbi en terre sèche où l'on se parle, où l'on s'écoute, où l'on se réjouit les uns des autres, qu'un château prestigieux où l'on s'ignore.

Les enfants abandonnés de Bogota se refont une *gallada*, une « bande ». L'enfant solitaire meurt.

Notre enfance, ce sont nos racines. Il n'y a rien dans notre avenir d'homme qui n'ait sa source en ce terroir. Si les vents violents arrachent un arbre parfois, qu'en était-il de la profondeur de ses racines ? Qui saurait dire l'influence souveraine de notre mère, de notre père ? Et vous, mes frères et sœurs de sang, que serais-je sans vous ?

Un homme et une femme s'aiment, se sourient, se parlent avec attention et respect, volent au secours l'un de l'autre : voilà le plus beau cadeau offert à l'enfant qui va naître.

Si Dieu a inventé la famille, c'est parce qu'elle Lui ressemble. Le Dieu chrétien n'est pas un être solitaire. Il a besoin d'être trois pour être Dieu. Oh ! bien sûr, cet amour-là nous dépasse infiniment ! Qui sont-Ils, ces êtres qui s'aimaient avant l'aurore de l'univers et dont l'Amour prend visage en un Esprit de douceur et de communion ? Depuis si longtemps que l'un d'eux s'est fait l'un de nous… et nous Le connaissons encore si mal !

Le couple, cette icône, pâle reflet humain du Dieu-Tendresse, nous éblouit déjà ! Le cœur humain ne peut battre qu'à deux. Les plus belles traces de Dieu en ce monde, ce ne sont pas les milliards de galaxies, ce sont deux visages extasiés, penchés sur un berceau. Ce regard de nos parents sur nous nous a donné le goût de vivre. L'amour est doublement notre origine ; en Dieu et dans le cœur de nos parents.

La légende noire où pleure un solitaire

CHEZ LES ANIMAUX, la famille est une aventure provisoire pour assurer la reproduction et la survie de l'espèce… Chez les humains, il s'agit d'une « aventure mystique ».

Où se forment-elles, nos premières images de Dieu, sinon là ? « Dieu est un papa qui aime comme une maman », disait une petite fille de huit ans. Que pèsent ces deux mots sinon ce que nous avons éprouvé, ressenti au long de ces premières années si denses en émotions ? Où se forme le goût de l'autre sinon là ?

Sauver ce « lien » de toutes les emprises de la société, cela aussi fait partie de l'écologie. Entre des êtres abrutis de fatigue, calés devant leur téléviseur pour éviter de se rencontrer, aucun courant ne passe, aucun bonheur. Entre des êtres stressés qui prennent le premier qui passe pour un paratonnerre, aucune vie n'est possible. « L'enfer, c'est les autres »… bien sûr… quand on ne s'aime pas !

Face à une même tempête, le capitaine, son second et le mousse sont du même bord.

Il n'y a pas de coupables à rechercher auxquels faire payer les malheurs de notre temps. Dans certaines régions du Tiers-monde où les malheurs sont plus précis et les cerveaux moins fumeux, enfants et parents relèvent les manches, creusent les mêmes puits et les mêmes sillons.

J'ai vécu dix-huit mois en Afrique de l'Ouest. Quelle joie de vivre dans ce pays – appelé aujourd'hui le Burkina Faso –, le plus pauvre du monde !

« Nous n'irons pas au but un par un, mais par deux… Et nos enfants riront de la légende noire où pleure un solitaire » (Paul Éluard).

Le but, c'est le Royaume d'amour où « *le petit enfant jouera sur le nid du cobra, où la panthère se couchera près du chevreau* » (Is 11, 6).

« C'est en forgeant qu'on devient forgeron », c'est peut-être en aimant que l'on se prépare à l'Éternité ?

« *Toutes les choses passeront*, dit saint Paul, *l'Amour seul ne passera jamais !* »

Aime ton prochain comme toi-même

QUELQU'UN nous est confié que nous négligeons. Nous dormons avec lui. Nous le retrouvons à chaque réveil. Nous vivons vingt-quatre heures sur vingt-quatre en sa présence. Et nous ne savons pas qui il est. Cela fait trente, cinquante, ou soixante-dix ans que cela dure.

Comme il est encombrant parfois, cet individu ! On aimerait lui fausser compagnie, filer en douce, partir très loin là où il ne serait pas. C'est impossible ! Même en le tuant, on n'en aurait pas fini avec lui. Il faudra vivre éternellement avec lui…

Il se nomme « nous-même ».

« *Aime ton prochain comme toi-même.* » Appliquer ce précepte serait une catastrophe pour le prochain si nous nous considérions comme un « cloaque d'iniquité », une « pouilleuse vermine », un « vase d'immondices » ! Je n'invente pas ces termes sordides. L'histoire de la spiritualité abonde en haine de soi. Qui nous enseignera l'art de vivre en bonne intelligence avec nous-mêmes ?

Le mariage, sacrement de l'Amour, comporte cette mission souveraine, aider l'autre à s'accepter : « C'est à partir de toi que j'ai dit “oui” au monde » (Paul Éluard)… « *Sans une femme, l'homme gémit et va à la dérive* » (Ben Sira 36, 30).

Il semble bien que l'amour humain ne soit pas toujours suffisant… « Tu dis que tu aimes les oiseaux, tu les mets en cage… Tu dis que tu aimes les fleurs, tu les coupes. Tu dis que tu aimes les poissons, tu les manges. Quand tu dis que tu m'aimes, j'ai peur ! » (Prévert).

Celui qui prétend t'aimer, prends garde à lui. Comment s'aime-t-il lui-même ? S'il se déteste, tu cours au-devant d'un désastre.

Dieu seul peut t'aimer vraiment, totalement, de bas en haut, d'avant le berceau jusqu'après la tombe. Pour Lui, et pour Lui seul, tu es la première merveille du monde. Pour les humains, aimé aujourd'hui parce que cela arrange, tu peux être rejeté demain parce que tu déranges.

Dieu seul ne pose aucune condition à l'amour qu'Il te porte. Rien ne Le découragera de t'aimer. « *Je n'agirai pas selon mon ardente colère, car Je suis Dieu, et non pas un homme* » (Os 11, 19).

Accueillir ou soupçonner...

HIER SOIR, dans un club culturel, un auteur était invité à présenter un livre. Peut-être parce que ses références venaient de l'Évangile, son témoignage était annulé, gommé d'avance.

Je pensais à l'anecdote racontée par une lycéenne de quinze ans : « De ma chambre, j'appelais ma mère avec enthousiasme : "Maman, viens voir ce coucher de soleil, c'est super !" Ma mère arrive et passe le doigt sur le carreau : "Tu ferais mieux de nettoyer ta fenêtre !" »

Cela aurait l'air bête d'accueillir. Il faut « voir ce qui cloche », il faut « soupçonner ». Notre agressivité se défoule au gré des rencontres. Tout ce qui passe sous notre regard est rétréci à notre mesure. C'est à vous décourager de vous exprimer.

Nul ne peut vivre sans admiration, sans émerveillement. L'âme frustrée devient malade. L'intelligence qui était faite pour « comprendre » devient la faculté de nier, de refuser, d'exclure.

En anglais, le mot comprendre se dit *understand*, « se tenir au dessous ». Si nous pensons être « au-dessus », nous ne comprenons plus rien.

« Il y a quelqu'un ! »

Sur une grande plage, deux sœurs, Michelle, six ans, et Christine, cinq ans, partent à la recherche de coquillages, s'exclamant joyeusement à chaque trouvaille.

Tout à coup, Michelle s'arrête, se baisse, et ramasse lentement une coque vivante qu'elle porte, tout émue, à Christine, en lui disant : « Fais attention, il y a quelqu'un dedans… »

Avons-nous, nous les grandes personnes, ce même respect pour la vie de ceux qui nous entourent, quand nous les jugeons sur la « coquille » des apparences, de l'éducation, des conventions, des gestes, des habitudes, de leur maigreur ou de leur embonpoint, de ce qui se voit, de ce qui se touche ? Quand nous les classons une fois pour toutes comme des apparences de fleurs dans un herbier ?

De cet être, nous disons : « Il est ceci, il est cela… »

Attention : « Il y a quelqu'un dedans !… »

Le temps du mépris

« AU DÉBUT, les missionnaires chrétiens ont dit : "Vous ne pouvez pas vivre parmi nous comme juifs." Ensuite, la société a repris : "Vous ne pouvez pas vivre parmi nous." Enfin, les nazis ont déclaré : "Vous ne pouvez pas vivre." » (Je cite de mémoire un texte de l'historien Raul Hilberg.)

L'antijudaïsme le plus lâche et le plus bête a pu naître et grandir en sol chrétien. Un esprit redoutable travaille incognito avec la complicité de ceux qui avaient pour mission de le démasquer.

À force d'être obsédés par le moustique, on en oublie le dromadaire (*cf.* Mt 23, 24).

Je me souviens d'une répartie jubilante et triomphale de Satan, dans le film *Les visiteurs du soir* : « La guerre, c'est moi ! La famine, c'est moi ! La peste, c'est moi ! La haine, c'est moi ! La mort, c'est moi !... »

Le procès de Nuremberg fut un procès manqué. Nous pouvons exterminer tous les Eichmann,

Mengele, Barbie et autres bourreaux à la retraite, tant que nous n'aurons pas extirpé les germes du « mépris » de notre cœur, nous n'aurons rien fait !

J'emprunte à une merveilleuse amie juive, Colette Kessler, les mots qui exprimeraient le moins mal ma colère et ma honte : « C'est parce que nous n'avons pas mesuré l'ampleur de ce qui s'est passé que nous avons laissé se perpétrer d'autres horreurs. »

Choisis la vie

DANS DEUX écoles libres, une jeune fille de terminale s'est trouvée enceinte.

Dans l'une des écoles, l'élève est renvoyée, pour que l'image de marque de la maison ne soit pas ternie.

Dans l'autre, la directrice invite toute la classe à tricoter la layette.

Deux théologies. Deux visages de Dieu…

Se méfier des contrefaçons

Un an après la parution de *L'avenir est à la tendresse*, un ami m'écrivait : « Tu sais, certains t'ont mal compris. Ils ont pris la tendresse dont tu parles pour sa contrefaçon. Lorsque tu dis “se rendre vulnérable au tourment de l'autre”, ils lisent “fusion”. Ne te laisse pas impressionner. Ce serait un piège. Il ne faut jamais abandonner une intuition qui est un cadeau de Dieu parce qu'elle n'est pas reconnue par ceux que nous estimons. »

Depuis que Jésus m'a séduit, c'est sa tendresse qui m'a le plus touché : une tendresse qui sait être dure comme le diamant contre ce qui la tue. Ce qui la tuerait le plus sûrement, ce sont ses ennemis de l'intérieur : la mièvrerie, le ramollissement du cœur, le sourire niaiseux des babas cool, la concorde à tout prix, le génie de « noyer le poisson », l'art de gommer les différences, le faux amour qui dorlote au lieu d'en appeler au risque et à l'aventure.

Le conflit est parfois la plus haute manifestation de la tendresse car il est le signe que l'on n'a pas absorbé l'autre. Il y a place pour le respect (*respicere* : voir l'autre avec justesse et avec justice).

La tendresse fleur bleue, la confusion sentimentale me donnent la nausée.

Je suis allergique à la gentillesse factice qui vous chloroforme, vous endort, vous encoconne. Vous avez eu peur de faire de la peine, vous vous êtes « écrasé » !

Je n'ai aucune sympathie pour la *tendresse couche-culotte* de toutes les fuites, paravent de toutes les démissions et compromissions.

Je n'ai aucun penchant pour la *tendresse youpala*, qui voudrait vous dispenser des chutes et des coups.

Surprotéger quelqu'un, c'est l'étrangler avec un foulard de soie.

Dans le scoutisme de ma jeunesse, on m'avait envoyé en exploration tout seul, sans nourriture ni argent. Je devais me débrouiller pour tout, durant quarante-huit heures. C'est le plus beau souvenir de mon adolescence ! Je n'avais pas quinze ans.

Aujourd'hui, un éducateur serait lourdement sanctionné pour avoir osé prendre un tel risque.

« C'est au vent qui l'ébouriffe, à la tempête qui le ploie que l'érable rouge doit sa beauté » (Basho).

La vraie tendresse, c'est l'amour de l'autre en ce qu'il a d'imparfait, d'inachevé. On apprend alors à aimer comme Dieu, à devenir comme le soleil qui ne pose pas de conditions à la rose avant de lui offrir chaleur et lumière.

La tendresse dont parlent les prophètes, c'est un amour à température divine, capable de restaurer une dignité perdue, de rendre un honneur compromis, c'est un amour apte à permettre l'éclosion des qualités présentes mais invisibles comme des graines dans la rocaille.

La tendresse, c'est la pluie qui fait fleurir le désert.

La tendresse, c'est l'acceptation de la différence. Je t'accueille tel que tu es. Je ne te demande pas d'être un autre pour t'accueillir.

Ce qui m'a attiré vers le sacerdoce, c'est de devenir, à temps plein et à plein cœur, un écho de la Tendresse de Dieu.

Ceux qui dénoncent les abus d'une tendresse dénaturée font œuvre utile. Ils sont comme des chirurgiens surveillant la propreté d'un champ opératoire.

On prie parce qu'on aime

CAMP DE DOUZE JOURS avec une cinquantaine de jeunes. Difficile d'imaginer la densité de joie, d'échanges, de rencontres, de prière que représentent de tels moments. C'est presque trop. Nos cœurs sont si limités ! Comment retenir le temps pour accorder à chaque visage l'attention qu'il mérite ?

Nous avons eu de longs offices dans des monastères. Nous avons appris à retrouver Dieu aussi dans d'immenses cathédrales de verdure, de rochers, de neige, de rivière et de vent. Le monde créé recèle une charge mystique extraordinaire.

Entendre la parole de Dieu dans un cadre où le Créateur déjà parle si fort. La laisser descendre en soi dans le silence. Là, elle peut *prendre*, loin de cette contestation *a priori* qui est devenue chez l'Occidental une seconde nature. « Je suis mécontent, donc je suis. »

Il ne s'agit pas de « faire le plein », de « se ressourcer » ni de « recharger ses batteries ». La prière ne saurait être subordonnée à l'action. Imagine-t-on une femme amoureuse disant à l'homme qu'elle aime : « Je voudrais passer un après-midi avec toi, cela m'aidera à être davantage "en forme" pour mon travail demain » ?

On prie parce qu'on aime.

Il faut se ménager des espaces de recueillement pour s'émerveiller du privilège d'exister.

Les Béatitudes du Christ...

PAS UNE des Béatitudes du Christ qui n'ait alimenté l'hérésie :

Déjà le mot « heureux » qui prétend traduire le mot hébreu *ashrey* évoque en réalité le fait d'avancer, de s'accomplir, de se réaliser. « Heureux » est une traduction affaiblie.

Heureux ceux qui ont un cœur de pauvre...

Le pauvre (*anaw* dans la langue de Jésus), c'est celui qui fait confiance à Dieu. C'est celui qui n'est pas rempli de lui-même. On en a fait : « Heureux ceux qui ont un salaire misérable. »

Heureux les doux...

Le doux ne violente pas les êtres et les choses.

Les êtres ont le droit d'exister autant que lui, à leur rythme. Le meilleur pilote est celui qui atterrit « en douceur » (*kiss landing*).

Le doux ne frappe pas l'enfant pour qu'il progresse plus vite.

On a traduit : « Heureux les bons petits bien sages et bien dociles. » La douceur, condition de l'amour, n'a rien à voir avec la mièvrerie.

Heureux ceux qui pleurent…

Les larmes sont la trace d'une absence : l'absence de l'essentiel. Jésus a pleuré deux fois. Avec Marthe et Marie à la mort de leur frère. Sur Jérusalem en évoquant la destruction de la ville. Aujourd'hui on dirait : « Heureux ceux qui ont mal aux autres. »

C'est devenu parfois : « Heureux les malheureux ! » ou bien « Heureux les larmoyants ! »

Heureux les miséricordieux…

Le miséricordieux est un cœur vulnérable à la douleur d'autrui. Cela vous fait mal de voir l'autre souffrir. Vous voulez qu'il soit libéré. Et vous faites tout ce qui est en votre pouvoir pour cela.

Le comble de la miséricorde de la part de Jésus fut de prendre des risques pour sauver la femme adultère qu'une foule haineuse s'apprêtait à lyncher. Miséricorde s'écrit *rahamim* en hébreu, « avoir des entrailles de mère ».

Cela n'a pas grand-chose à voir avec une indulgence fade ou complice : « À tout péché miséricorde. »

Heureux les cœurs purs…

On en a fait « Heureux les bons petits, bien chastes »…

Le « cœur pur », c'est celui qui est droit, qui veut la vérité. C'est celui qui n'a pas de préjugés, qui « ne se fait pas des idées », qui n'interprète pas de façon négative. La pureté du cœur va bien au-delà du dressage des désirs…

Heureux les artisans de paix…

Ces artisans sont ceux qui s'engagent personnellement pour que cette paix vienne… Ils ne l'attendent pas toute faite, offerte sur un plateau. Ceux-là sont appelés « fils de Dieu ».

En effet, Dieu n'est pas notre Père si les autres hommes ne sont pas considérés comme nos frères…

Et comment bâtir une fraternité sans Père ?

On a parfois entendu : ceux qui aiment qu'on leur fiche la paix !

Heureux ceux qui sont persécutés pour la justice…

Je n'oserais pas affirmer cela devant les torturés des dictatures de droite ou de gauche.

Jésus seul peut leur dire : « Au plus profond de vos tortures, je suis là. Ils m'ont fait subir le même sort. Vous êtes traités de parias… comme moi. Vous êtes passés devant le tribunal des hommes… comme moi. Vous avez été mis au rang des assassins… comme moi. »

Le mot hébreu *tsadaka* que nous traduisons par « justice » désigne aussi la « justesse ». Être « ajusté », c'est ne pas demander à un boiteux de danser.

Toutes ces paroles ont une clef.

À cent reprises, Jésus a dit : « Rien ne compte sinon l'amour. » Cette fois, il ne parle pas d'amour. Mais si on essaie de vivre ces paroles, on s'aperçoit qu'il n'y a aucun bonheur à faire tout cela. Sauf si on aime, sauf si on L'aime, Lui ! Si on L'aime, être doux comme Lui, artisan de paix comme Lui, assoiffé de justice comme Lui, c'est bien plus que du bonheur ! C'est vivre en plénitude.

Lorsqu'on est avec l'être aimé, même si on a très mal, on est accompli. On peut souffrir avec l'être aimé ! Qu'est-ce que cela peut faire puisqu'il est là !

Le Christ nous dit : « Heureux es-tu si tu aimes chacun comme je l'aime. »

Heureux serez-vous lorsqu'on dira, faussement, toute sorte de mal de vous à cause de Moi.

Normalement, se comporter en chrétien conduit à être l'objet de toutes sortes de critiques.

Quiconque a essayé d'aimer a été en butte à la contradiction. Chaque fois que vous tenterez quelque chose pour les autres, vous serez en butte aux calomnies.

Parce que les autres se disent : « Ce qu'il fait, je devrais le faire », votre comportement semble les accuser, votre attitude les agace. Alors il faut discréditer votre témoignage… On peut tout faire croire sur tout le monde ! Nous avons vu cela au procès d'Outreau.

Le Christ peut vous dire : « Si on te fait cela, dis-toi qu'on me l'a fait avant. Tu es un béni. On nous crucifie sur la même croix. On nous fait mourir côte à côte… » Mourir d'aimer : le rêve de Charles de Foucauld et des moines de Tibhirine.

La vie a un sens

Un vieux bloc-notes

JE RETROUVE ces lignes sur un carnet du temps de mes vingt ans : « Écrire mon carnet de bord c'est essayer d'échapper à l'habitude, tenter d'affiner la faculté d'étonnement, demeurer comme l'enfant qui interroge… "Pourquoi ?"… L'habitude tue le regard. Je voudrais ne jamais cesser d'être émerveillé, enchanté, séduit. Écrire, pour moi, c'est retenir le versant ensoleillé des choses et des êtres. Oh ! les frissons de joie lorsque je franchis la frontière d'un pays nouveau ! Et combien chaque être humain est plus mystérieux, plus vaste, plus surprenant ! La rencontre n'est possible qu'à un certain degré d'enthousiasme. Je ne peux vivre qu'émerveillé ! »

Les talents

CERTAINS responsables sont des hommes-orchestres. Ils font tout avec tant de brio que personne n'ose proposer ses services. Autour d'eux, on se défile allégrement. « Ne fais jamais le jour même ce qu'un autre peut faire, mieux, le lendemain. »

Dieu n'est pas ainsi. Il ne démobilise pas. Il nous permet de nous créer nous-même, en nous laissant un espace.

Je pense souvent à mon ami Jacques Lebreton. Au lieu de maudire le Créateur pour ses terribles infirmités (il a perdu ses deux yeux et ses deux avant-bras), il s'est mis à faire la preuve que l'on pouvait être aveugle, sans mains, et heureux, heureux, tellement heureux ! Dieu n'est pas avare de talents. Encore faut-il les faire fructifier et non pas les enfouir.

Vacances

« IL N'EST QU'UNE seule manière de débuter dans le savoir et sa saveur : c'est d'être ébloui. Et ce qui ne commence pas par un éblouissement, n'a pas d'avenir » (Christiane Singer).

Parmi les jeunes que j'entends, beaucoup sont en quête d'une étoile à laquelle ils pourraient accrocher leur vie. Ils cherchent de l'huile pour leur lampe. Ils cherchent Qui adorer. Dans cette quête, il faudrait être à la fois « *simple comme la colombe et prudent comme le serpent* ». Souvent, ils sont l'un *ou* l'autre.

Pendant des années, rien ne trouve grâce à leurs yeux. Puis, d'un seul coup, envoûtés par une secte qui leur promet le bonheur immédiat, ils sont happés comme la mouche par une fleur carnivore, comme le papillon par une flamme.

Devenir adulte, c'est peut-être consentir à ce que l'idéal soit toujours conquis pouce par pouce sur la médiocrité, la tendresse sur l'indifférence, la douceur sur la violence, l'harmonie sur le chaos.

L'être vivant se construit, se forge, s'affirme dans un corps à corps quotidien avec des éléments contraires. Ceux qui ne fuient pas cette épreuve de force deviennent forts.

« Le réel, c'est ce qui résiste. » Hélas, la « mâchure d'imprimerie » entassée à haute dose sur les bancs du lycée ne donne guère l'occasion de se forger une âme. Un jeune qui pratique la montagne, le kayak, la poterie, la musique me disait : « Moi, mes humanités, c'est pendant les vacances. »

Ô mort, appareillons !

JE RÉCITE les psaumes dans les allées d'un petit cimetière. La neige pèse doucement sur les branches des sapins. Pèse aussi sur mon cœur le bonheur des grands départs…

Je rôde parmi ces tombes comme autrefois j'errais sur les quais des ports en écoutant l'appel des mouettes et les sirènes des navires. Partir tout là-bas, là où des îles flamboient sous le soleil.

Je suis sur cette planète pour me préparer à l'autre versant de l'Univers dont celui-ci crie à la fois la présence et l'absence, l'avant-goût et le manque, le charme et la torturante privation.

L'éblouissante poésie des psaumes rentre tout cela dans mon cœur depuis cinquante ans, chaque jour.

« *Mon âme a soif de Dieu, du Dieu vivant : Quand irai-je et paraîtrai-je devant la face de Dieu ?* » (Ps 42, 2).

« *Tu as changé pour moi le deuil en une danse* » (Ps 30, 12).

« *L'Éternel le soutient sur son lit de douleur ; Tu le soulages dans toutes ses maladies* » (Ps 41, 4)…

Que valons-nous immobiles ?

J'ÉTAIS PARTI six jours dans le Sud marocain pour écrire un livre. Hélas, au bord du lac où je me trouvais, des motos faisaient pétarader leurs décibels à longueur de journée…

Le grand luxe, pour moi, c'est le silence. Je dois fuir loin pour le trouver, dans les collines sauvages de la France insolite.

Les monastères vraiment silencieux se font rares.

« *Je la conduirai au désert et je parlerai à son cœur* », dit Dieu (Os 2, 16). Le désert : lieu où toute parole prend une résonance inouïe, celle de Dieu comme celle des hommes. Une lettre lue dans le silence n'a pas le même poids que celle ouverte à mon domicile cerné par les moteurs, le téléphone et autres décibels. Un livre qui me tombe des mains habituellement dans le tohu-bohu de la vie moderne devient dans le silence une fenêtre sur le monde. Une parole de Dieu qui n'était que de l'hébreu dans ma maison prend, dans le silence, une force à déplacer les montagnes.

Pendant une retraite d'un an qu'il me fut donné de vivre à vingt-sept ans, je fus comme un aveugle qui, faisant l'acquisition de sens nouveaux, commence à s'émerveiller d'un adagio, découvre le charme de palper un galet sur une plage et s'enchante du parfum des sous-bois.

« C'est dans le silence que l'on aime le plus ardemment » (Charles de Foucauld).

Je pars demain accompagner un groupe vers l'ermitage du père de Foucauld, dans le Hoggar.

Rendez-vous dans trente ans

SUR L'ÉCRAN de télévision, plusieurs semaines consécutives, un visage, très familier autrefois, m'apparaît. Ce porte-parole du syndicat CGT à la voix vigoureuse, décidée, tranchante, c'est bien lui. Quelqu'un m'avait raconté qu'il s'était lancé dans la bagarre syndicale à corps perdu... C'est bel et bien vrai.

En fouillant dans un vieux carton, je retrouve une lettre que cet ex-lycéen adressait à ses camarades d'aumônerie, il y a trente ans :

Tu es pris par la fièvre de l'alphabétisation, de l'aide au Tiers-monde, de la reconstruction des taudis... J'ai l'impression que chacun d'entre vous oublie l'essentiel : se changer soi-même avant de vouloir changer les autres... Si tu donnes ta vie pour les autres, cela n'a de valeur que si tu le fais par amour et non par besoin d'efficacité... Ne crois-tu pas que pour être vraiment efficace il faut tout d'abord se préparer soi-même à savoir aimer ? Prépare-toi à lutter contre l'injustice, non avec les feux de paille de ta révolte mais avec le potentiel d'amour inépuisable que le Christ veut verser en toi !

Cette lettre, je l'avais photocopiée et distribuée à cinq cents exemplaires. Elle nous avait d'autant plus secoués que notre ami mettait un point d'honneur à se dire athée et à vouloir le rester.

Trente ans plus tard je le retrouve aux Antilles. Il vient d'écouter une de mes conférences. Il se tient avec un étrange sourire à la sortie de l'église. Il me dit : « Décidément, tu persistes. »

La vie est-elle une blague ?

« SOUMETTEZ LA TERRE », nous dit le Créateur. Il nous demande de continuer la Création avec Lui. Dieu veut agir en ce monde par humains interposés. Plus les chercheurs fouillent et déchiffrent, plus la terre chante la gloire de Dieu.

Les savants de mon quartier trouvent dans leur foi un surcroît de passion pour se consacrer à la recherche scientifique.

Un jour, dans une conversation avec un physicien, je me suis permis de glisser quelques propos tirés de mes lectures de Monod au sujet d'une création « née par hasard ». Je suis rabroué : « Mais le hasard n'explique rien ! Une telle organisation, des cellules cérébrales par exemple, n'aurait jamais eu le temps de se faire, même par hasard.

— Alors, Dieu Se constate ?

— C'est l'hypothèse la plus probable, la moins absurde. »

Les sciences laissent de côté une question que l'homme ne peut éviter, celle du sens de la vie. Supposons qu'après un enlèvement collectif, vous vous retrouviez un beau matin sur un navire. Supposons qu'à chacune de vos questions : « Qui nous a mis là ? Où allons-nous ? », on n'ait rigoureusement rien à vous dire. Supposons que vous soyez seulement renvoyé aux experts en navigation, aux spécialistes de la cuisine, aux responsables du lavage du pont, et même aux experts du mal de mer. Vous seriez satisfait, vous ?

Si l'on pouvait affirmer à chacun de nous : « Tu viens du néant et tu retournes au néant », je me demande si cette petite frange de temps que nous nommons la vie aurait assez de densité pour qu'on la prenne au sérieux.

Si Dieu est, comme je le crois, la vie de notre vie, l'amour de notre amour, alors Il anime le feu intérieur de tout homme, même des savants agnostiques.

« Chacun de nous abrite un Seigneur endormi qu'il importe de libérer de sa gangue » (Saint-Exupéry).

Déprimes

SI, PAR HASARD, nous traversons une période de bonheur, au milieu de tant de « frustrés », comment ne pas avoir « mauvaise conscience » ?

C'est à qui prendra la mine la plus défaite.

« Heureux qui sait rire de lui-même, il n'a pas fini de s'amuser ! » Cette phrase, calligraphiée en gros caractères sur le mur de l'aumônerie, et la photographie d'un lycéen hilare qui l'accompagnait ont souvent ramené nos conflits à ce qu'ils étaient : des tempêtes dans un verre d'eau.

Si, selon Chesterton, « le pessimiste est un imbécile malheureux et l'optimiste un imbécile heureux », n'y a-t-il pas à chercher du côté de l'espérance lucide… ou du réalisme constructif ?

Est-ce le thé qui est mauvais ou notre bouche qui est malade ?

Est-ce le paysage qui est sans intérêt ou nos chaussures qui sont trop étroites ?

Est-ce « l'autre » qui nous exclut ou bien nous-mêmes qui nous sentons de trop ?...

Est-ce l'aventure de la vie qui est sans attrait ou notre système neuro-végétatif qui est en panne ?

Il faudrait des cures de légèreté, des stages de joie, pour rejeter ces lunettes de malheur qui nous font tout voir en gris ! Faute de quoi, des accidents en cascade nous guettent... Celui qui entre en dépression, ce « mal du siècle », risque d'y faire un très long séjour !

Un chrétien ne peut pas être inquiet « *comme les païens qui ne savent pas qu'ils ont un Père* »... Il sait que rien n'est fichu, que rien n'est raté, que tant qu'il y a de l'amour, il y a de l'espoir...

De l'amour, Dieu en a « à revendre » : « Si nous savions combien il nous aime, nous en mourrions de joie » (curé d'Ars).

Attendant que l'Absolu Se révèle à nous dans un éblouissement total, nous savons rarement Le retrouver là où Il nous donne Ses rendez-vous. Il S'était glissé parmi nous, incognito... Mendiant d'amour, Il S'était déguisé en épouse ou en collègue de travail, en professeur ou en élève... pour frapper plus doucement à la porte de notre cœur...

Amoureux, Il S'était déguisé en chant d'oiseau ou en sourire de petit enfant pour mieux séduire notre âme...

Rien ne peut nous empêcher de Le reconnaître... Rien, sinon notre tristesse...

L'âme réclame son dû

En mai 68, une des revendications essentielles n'a pas été entendue.

Des graffitis dans Paris disaient : « À quoi sert d'aller sur la lune si c'est pour s'y suicider ? » Et même : « Que sert à l'homme de gagner l'univers s'il y perd son âme ? »

Maurice Clavel, qui n'était pas un cul béni, écrivait en 1968 dans *Le Nouvel Observateur* : « Et si nos enfants n'avaient mal que de la poussée de leur âme ou de Dieu même, qui sait ? »

C'était une révolte de l'âme. L'âme bâillonnée réclamait son dû.

Où sont-elles, les fontaines du rêve, de l'espérance et de la passion ? Un gouvernement n'a pas pour tâche prioritaire, il est vrai, de donner un supplément d'âme et des raisons de vivre. Son rôle, moins ambitieux, est tout de même de créer un espace où ces valeurs seront accessibles.

« Durant des siècles, ma civilisation a contemplé Dieu à travers les hommes. L'homme était créé à l'image de Dieu. On respectait Dieu dans l'homme. Les hommes étaient frères en Dieu… Le savant devait le respect au soutier, car à travers le soutier il respectait Dieu dont le soutier était aussi l'ambassadeur… Ainsi l'amour de Dieu fondait-il entre hommes des relations nobles, les affaires se traitant d'ambassadeur à ambassadeur au-dessus des individus. »

Il faudrait citer tout entière cette page de *Pilote de guerre* où Saint-Exupéry reprend sept fois, en deux pages, le leitmotiv : « Ma civilisation, héritière de Dieu, a fondé le respect de l'homme… Ma civilisation, héritière de Dieu, a fait chacun responsable de tous, et tous responsables de chacun… »

Au nom du Dieu clément et compatissant

LA LECTURE des textes sacrés avec les lunettes de la bêtise ou de la cruauté est le cancer des religions. Des femmes en Algérie ou en Iran ont pris le risque de la résistance contre la folie des « religieux ». Elles sauveront l'islam de l'islamisme parce que les femmes sont du côté de la vie.

L'habileté suprême du démon est de diaboliser l'autre pour mieux l'abattre. On a envie de crier : « Reviens, prophète Mohammed, ils sont devenus fous ! »

Sachant que lorsqu'on tue on fait parler de soi, une poignée d'exaltés est en train de disqualifier pour des siècles la cause de l'islam et la noblesse du Coran. Nous assistons au plus grand blasphème contre Allah qui se puisse commettre.

Les intégristes musulmans se comportent comme si leur souci majeur était de brouiller l'humanité avec l'islam pour toujours. Le nom d'Allah devient pour des multitudes synonyme d'intolérance et de meurtre.

Puisse l'Occident ne pas confondre l'islam avec ses dérives ! Les fanatiques sont à l'islam ce que le cancer est aux poumons. Les musulmans ont vécu à Cordoue pendant des siècles au contact des chrétiens et des juifs dans le dialogue et la paix. Le Coran les incite à la tolérance : « *Si Dieu l'avait voulu, Il aurait fait de vous une seule communauté. Mais il a voulu vous éprouver par le don qu'il vous a fait. Cherchez à vous surpasser les uns les autres dans les actions bonnes. Tous, vous retournez à Dieu. Alors, Il vous éclairera au sujet de vos divergences* » (Sourate 5-48).

« Le Dieu qui t'a créé sans toi ne te sauvera pas sans toi »
(Saint Augustin)

UNE JEUNE FILLE qui a subi cent dix opérations chirurgicales m'écrit : « Le danger, quand on souffre, c'est de se refermer sur soi... Tu connais ce mot de Claudel : "Le Christ n'est pas venu expliquer la souffrance, mais la remplir de sa présence." C'est vrai, nous ne sommes jamais seuls. Le Christ est là, il nous tient par la main. »

Tous ceux qui ont osé soulever le voile du mystère de la douleur en portent eux-mêmes les stigmates. Leur souffrance (au moins la leur) est moins intolérable, puisqu'ils en font une source d'eau fraîche pour leurs compagnons de peine.

« Pardonne. Un jour tu sauras, tu comprendras, tu me rendras grâce. Mais maintenant, ce que j'attends de toi, c'est ton pardon. » Bernanos met ces mots dans la bouche de Dieu à l'adresse d'une femme dont l'enfant vient de mourir... Si

Bernanos n'avait pas été un écorché, s'il n'avait pas découvert le Dieu crucifié, cette femme broyée pourrait-elle entendre ce cri ?

Dieu a créé un chaos. Il nous propose d'en faire un chantier. Il n'y a pas de fatalité du mal. Nous avons un rôle à jouer, une mission à remplir. L'homme est sorti de ses cavernes pour lutter contre ce qui l'écrase. Ce combat, c'est sa grandeur, sa fierté, sa dignité. Dans cette longue marche, l'homme se construit un cœur apte à une qualité d'amour encore impensable aujourd'hui.

Les plus grands bonheurs terrestres sont les signes avant-coureurs d'un monde nouveau.

« *Le loup habitera avec l'agneau,*
la panthère se couchera avec le chevreau.
Le veau, le lionceau et la bête grasse iront ensemble,
Conduits par un petit garçon.
La vache et l'ourse iront ensemble au pâturage,
Ensemble se coucheront leurs petits.
Le lion comme le bœuf mangera de la paille.
Le nourrisson jouera sur le repaire de l'aspic,
Sur le trou de la vipère le jeune enfant mettra la main.
On ne fera plus de mal ni de violence sur toute ma montagne sainte » (Is 11, 6-9).

Beaucoup éclatent de rire en lisant ces paroles.

Ils me disent : « Tu n'as donc jamais été à Jérusalem et à Gaza pour contempler la merveilleuse réalisation de cette prophétie ! »

Ils n'ont pas compris que Dieu n'offre pas un château bâti par d'autres, mais une maison en kit qui réclame nos mains.

Dieu ne donne pas des fruits. Il donne des graines.

La joie et l'amour auront le dernier mot. Mais cela ne se fera pas sans nous.

Enterrement ou « encielement » ?

ASSIS SUR L'HERBE, au bord d'un lac artificiel où se reflètent quelques tours de banlieue, j'éprouve le besoin de me recueillir. Je viens d'animer deux célébrations de funérailles – quel mot affreux ! j'en ai inventé un autre : « encielement ».

C'est douloureux lorsque la famille ne nous a pas donné l'occasion d'une rencontre avec le défunt avant sa mort. C'est triste lorsque nous demandons à l'assemblée de réciter un Notre-Père, et que notre voix résonne, solitaire, sous la voûte froide ! Comme il est cafardeux, ce *Requiem*, chanté là-bas, près de l'orgue : « Donne-leur le repos éternel… »

Ce n'est pas le repos que je Te demande pour eux, Seigneur, c'est la joie, l'allégresse d'un banquet de noces, les grandes orgues d'un désir ouvert sur l'infini, le luxe d'être souverainement vivant à plein temps, à plein cœur, le paroxysme du bonheur, la fête sans fin !

Ignace d'Antioche, avant de mourir, disait : « Enfin, je vais être un homme en paradis ! »

C'est difficile, au moment de la célébration, de m'adresser à chacun avec les convictions qui m'animent. J'éprouve le sentiment d'un enjeu formidable, d'une urgence ! « Ne passez pas à côté de l'essentiel. Comme l'enfant dans le sein de sa mère se compose énergiquement l'équipement nécessaire pour sa vie terrestre, de même chaque jour ici-bas peut creuser un peu plus l'espace de votre cœur. Dieu s'apprête à le combler au-delà de toute mesure... »

Comment est-elle perçue, cette proclamation du côté de la nef ? Discours de circonstance ? Soliloque d'un fou ? Je voudrais tant parler à chacun... J'ai devant moi une foule anonyme, froide, triste, en *état de choc*, comme si c'était la mort qui avait le dernier mot ! Quel prêtre, devenu un instant paroissien aux « obsèques » d'un ami ou d'un parent, n'a senti le décalage entre les paroles d'un confrère, jaillies du cœur, et le discours *prêt-à-porter* ? Jésus a pleuré devant le tombeau de Lazare. Et nous autres, aujourd'hui, pourquoi nous ferions-nous un devoir de laisser nos émotions à la sacristie ?

La mort d'un être cher fait s'estomper tout ce qui est sans importance. C'est l'essentiel désormais qui émerge. J'entends celui (celle) qui s'en est allé(e). Il (elle) nous crie : « Ne pleurez pas. Je ne suis pas parti(e) ; je suis arrivé(e). Je vais connaître l'accomplissement de toute ma vie. J'entends mon créateur me dire : “Entre dans la plénitude de Ma joie, une joie que rien ne peut ternir.” »

La mort est simplement le terme de la première étape de notre « voyage initiatique ».

La chenille se métamorphose dans sa chrysalide pour donner le jour au papillon le plus merveilleusement équipé d'ailes et de couleurs diaprées. Croyez-vous qu'elle regrette d'avoir échangé sa vie rampante contre une vie aérienne ?

Notre vie est un stage et la planète est une école. Nous apprenons ici-bas ce que nous aurons à vivre éternellement : nous émerveiller devant le mystère de l'autre. Nous nous composons une âme reliante, une âme désirante, une âme reconnaissante.

Dieu ne peut pas nous laisser au pouvoir de la mort, puisqu'Il nous dit par la bouche du prophète Isaïe : « *Ton créateur est ton époux. Dans un amour éternel, j'ai eu pitié de toi… Je ferai de toi un objet d'éternelle fierté* » (Is 54, 5.8, 60, 15).

Qu'est-ce qui ne va pas dans le monde ?

DANS LE FILM *Les visiteurs du soir*, un voyageur étrange se montre à une jeune fiancée, Anne. Avec un visage extasié devant sa propre puissance, il exulte : « La peste, c'est moi ! La famine, c'est moi ! La haine, c'est moi ! La guerre, c'est moi ! » Jules Berry compose un Satan assez crédible.

« Qu'est-ce qui ne va pas dans le monde ? » demandait un journaliste à mère Teresa. « Vous et moi, monsieur ! » répondit-elle.

Nous sommes tous un jour ou l'autre une courroie de transmission de l'Adversaire.

Ce serait tomber dans le piège que de se croire dépositaire des bonnes analyses, adepte des bonnes causes, dans le bon camp ! Alors on rajoute du mensonge au mensonge, des leurres aux leurres, des procès d'intention aux procès d'intention… Le cercle vicieux est amorcé. Satan jubile, éclate de rire, d'un rire fou. C'est lui, en définitive, qui gagne toutes les guerres.

Il n'y a pas qu'au Café du commerce que les simplismes s'étalent : « Tout ça, c'est la faute aux Américains ! »... « Et les juifs, qu'est-ce qu'ils avaient besoin d'aller en Palestine ? »... « Et les Arabes, c'est pas des gens comme nous ! »...

C'est ainsi que nous créons des divisions en chaîne ! Nous cotisons au fonds de commerce du Malin.

Un rescapé d'Auschwitz me disait : « Ce n'est pas d'être resté nu par moins trente degrés... ce n'est pas d'avoir mangé des excréments... ce ne sont pas les milliers de coups de cravache que j'ai reçus... ni même les coups de botte et la terreur de finir gazé qui m'ont fait le plus mal... Non, ce qui m'a fait le plus mal, c'est le climat de délation et de règlements de comptes que j'ai trouvé en France en rentrant des camps. »

« Ne craignez pas ceux qui peuvent tuer le corps, mais celui qui peut vous entraîner dans la géhenne », disait Jésus.

Il faut être Dieu pour oser dire que la qualité de la vie vaut plus que la vie. Pour nous, cela ne va pas de soi !

« *Une passion inutile* »

COMMENT ai-je pu aimer Sartre si fortement lorsque j'avais dix-sept ans ?

Je relis *Les mouches* avec d'autres yeux aujourd'hui !

Oreste : « Il n'y a plus rien au Ciel, ni Bien ni Mal ni personne pour me donner des ordres... Mille chemins sont tracés dans la nature qui conduisent vers Toi [Jupiter], mais je ne peux suivre que mon chemin. Car je suis un homme, Jupiter, et chaque homme doit inventer son chemin. La nature a horreur de l'homme et Toi, Toi souverain des dieux, Toi aussi Tu as les hommes en horreur. »

Jupiter, s'adressant à Oreste dont le projet est de révéler à son peuple l'inexistence de Dieu, le prévient du cataclysme qu'il déclenche : « Pauvres gens. Tu vas leur faire cadeau de la solitude et de la honte... Tu leur montreras soudain leur existence, leur obscène et fade existence qui leur est donnée pour rien. » Oreste lui répond : « Ils feront de leur vie ce qu'ils voudront : ils sont libres et la vie humaine commence au-delà du désespoir. »

Mon enthousiasme pour Sartre s'est éteint sur une parole : « L'homme est un être pour la mort, une passion inutile. »

Pourquoi m'as-Tu abandonné ?

J'AI LU PLUS de cent ouvrages qui commentent à leur façon le moment où le Christ en croix pousse son cri : « *Mon Dieu, mon Dieu, pourquoi m'as-Tu abandonné ?* »

Certains s'émerveillent : « Cette phrase exprime de façon bouleversante l'humanité du Christ. »

D'autres s'indignent : « Jamais le visage inhumain de Dieu n'apparaît avec autant de force : comment penser qu'un Dieu puisse nous délivrer dans nos épreuves si, même pour celui qui Lui est le plus proche, Il ne fait rien ? Dieu est cruel : en voilà une confirmation. »

Et si nous lisions autrement !

La parole « *Mon Dieu, mon Dieu, pourquoi m'as-Tu abandonné* ? » ouvre le psaume 21. Or ce psaume est un récit de la passion d'un homme torturé et crucifié. Dans le détail on pourrait croire que l'auteur de ce psaume qui écrivit quatre cents ans avant la naissance de Jésus avait assisté à sa mise à mort. Rien n'y manque : les quolibets de la foule, la haine des bourreaux, la distribution des vêtements, l'étouffement du crucifié.

Dans ses derniers instants le Christ ne peut articuler que des phrases très courtes car ses poumons sont écrasés.

Comment rendre l'Espérance à ses amis sinon avec le langage codé du psaume 21 ?

En effet si les deux premiers tiers du psaume décrivent la passion d'un homme cloué sur une croix, le dernier tiers évoque clairement la résurrection et le triomphe du Messie.

En prononçant ce verset qui commence le psaume 21, Jésus ne peut pas mieux dire : « Comprenez ce qui se passe aujourd'hui. Le Messie est là sur cette potence. Lisez la suite du psaume et vous comprendrez que la victoire est proche. »

« *Nous sommes passés de la mort à la vie* »

JE PARTAGE avec vous tous l'horreur du vide laissé par « l'absent » ou « l'absente », mais pourquoi irais-je me boucher les oreilles devant la promesse de résurrection sous prétexte qu'elle serait trop belle ? Pourquoi ne pas l'accueillir comme un enfant émerveillé ?

Le Christ ressuscité, accroupi près d'un feu de braise, prenant un morceau de poisson grillé au bord d'un lac, et se léchant le bout des doigts en souriant à ses amis, me paraît plus convaincant que toutes les philosophies de l'absurde.

La résurrection ressemble à une évidence. La crucifixion avait laissé les apôtres dans le désespoir. Échec absolu des promesses du Messie. Quelques jours plus tard, s'ils affrontent la mort en riant, c'est qu'ils ont vu le Christ vivant !

« Seigneur, enfin je vais te voir ! » s'extasiait Thérèse d'Avila quelques instants avant de quitter ce monde. Elle est morte comme une amoureuse s'endort dans les bras de son bien-aimé, sachant qu'au réveil ses yeux s'ouvriraient sur le visage adoré. Elle est morte comme un enfant en train de quitter le ventre maternel.

La mort nous enseigne le prix de l'instant présent. Est-ce encore vivre que d'avoir un agenda plus gros que le cœur ? Est-ce vivre que de n'avoir aucun espace pour apprendre à regarder, à s'émerveiller, pour cesser d'aimer sans amour ?

Les moments où j'ai le plus appris, étant enfant, c'est en allant et en rentrant de l'école : une heure de marche : le temps de donner à tout le reste son poids de tendresse et de poésie.

Au seuil de l'Éternité, un tri s'opère dans notre esprit entre le factice et le réel. « Qu'as-tu fait de ce talent de la vie ? Qu'emporteras-tu qui puisse mériter d'être éternel ? Ce que tu n'auras pas transformé en amour, comment pourrais-tu l'emporter en paradis ! Ce cœur qui va cesser de battre, pour qui, pour quoi a-t-il battu ? Va-t-il s'éteindre de s'être trop donné ou faute d'emploi[1] ? »

Lorsque la mort, comme une créancière indiscrète, se rappelle à notre bon souvenir, lorsqu'elle nous fait signe qu'il va falloir « rendre » l'âme un jour, pourquoi avoir peur ? (Savons-nous bien à qui la rendre ?) Capable enfin d'aimer ! C'est triste cela ?

---

1. Christiane Singer, *Fragments d'un long voyage*, Albin Michel.

Quelques jours avant de mourir, mon amie Christiane Singer écrivait : « Ne croyez pas que je sois morte. Je m'en suis allée pleinement vivante d'une vie vers une autre[1]. »

1. Christiane Singer, *Ibid.*

La boîte noire

J'AI CONNU des centaines de jeunes délinquants. Ils m'ont appris que le déséquilibre, l'envie de détruire, les perversions de toutes sortes viennent d'une faim d'amour inassouvie ou trahie. Si l'amour manque, on le remplacera par la vanité, le panache, le besoin d'être une star, la violence gratuite, l'argent, le pouvoir…

Quand les âmes des jeunes meurent de la perte du sens, quand leur mal-être éclate en révoltes, en suicides, en crimes, nous ne pensons qu'à une seule chose : arrêter ou faire soigner le délinquant.

Dans une longue lettre dont la sincérité ne peut être suspectée, un assassin m'écrivait depuis la cellule de sa prison : « Si nous connaissions l'amour tel qu'il est décrit dans l'Évangile, il n'y aurait jamais aucun malheur sur la terre. Si j'avais connu plus tôt la Parole de Dieu, je ne serais pas ici aujourd'hui et il n'y aurait pas eu le malheur affreux que j'ai provoqué… »

Comme ce serait rassurant de croire qu'un homme se construit tout seul ou qu'il se détruit tout seul, qu'il est l'unique source de ses pensées, l'unique artisan de ses actes. Même celui qui se prétend le plus solitaire et le plus « *self-made-man* » des hommes est le fruit de millions d'influences.

Pourquoi le Christ aurait-il insisté si fort sur l'exigence absolue de ne pas juger si notre jugement avait quelques chances d'être ajusté ?

Juger, n'est-ce pas prendre la place de Dieu ?

Je ne parle pas ici des jugements de justice qui ont la mission de mettre hors d'état de nuire des individus « dangereux ».

« Dans les circonstances où il a tué, disait un aumônier de prison au sujet d'un criminel, j'aurais peut-être fait la même chose… ou pire… »

Plus la souffrance devant le mal augmente, plus l'amour pourrait augmenter lui aussi ! Que l'amour s'interroge sur les causes du mal. Tel un médecin qui cherche la secrète connivence entre le microbe et le malade. Telle une équipe de spécialistes auscultant la boîte noire trouvée parmi les débris d'un Boeing écrasé…

Si nous pouvions apprendre à passer du « supprimons la brebis galeuse » au « supprimons les causes de la gale » !

« *J'y tiens avec désespoir* »

UNE NUIT, le feu se déclara dans le pavillon d'un homme seul, atteint de bégaiement. Ayant composé le 18 au téléphone, il essaya vainement de parler. Son infirmité était décuplée par la peur. Il se souvint brusquement qu'il était capable de chanter sans trop de difficulté et il entonna avec application : « Au feu, les pompiers !... » À l'autre bout du fil, le sapeur de garde crut à une plaisanterie et joignit sa voix à celle de l'homme sinistré. Il chanta avec lui la suite du refrain : « la maison qui brûûûle... » et il raccrocha en haussant les épaules...

Cette histoire véridique est une parabole.

De nombreux jeunes voudraient crier « Au secours ! », mais leur malaise se conjugue avec la peur et leur message devient inaudible.

On rit des jeunes aux modes excessives.

Les furoncles sont les signes d'une maladie du sang. Le cynisme et la dérision sont les symptômes d'une carence. Le besoin d'aimer, d'admirer, s'il a été déçu, trahi, trompé, peut déclencher la colère, l'ironie ou le désespoir.

C'est la peur de ne pas trouver de justice qui les fait cracher sur nos justices. C'est la peur de ne pas trouver de vraies raisons de vivre qui leur fait vomir celles qu'on leur propose. « Si je me moque tant des valeurs auxquelles je tiens, c'est parce que j'y tiens avec désespoir », me disait une amie de ma jeunesse. Son suicide fut son dernier pied de nez…

Et les centaines de drogués que j'ai rencontrés sur tous les continents, n'ont-ils rien à dire sur les besoins frustrés d'adoration ? « Ô vous qui croyez à la vie, aidez-moi, je vous prie, à ne pas vouloir crever ! » C'était la lettre de Michel, dix-sept ans, mort d'overdose.

« Du théâtre, tout cela ! » me lançait un consul de France en Inde, débordé par les files d'attente de jeunes squelettiques, aux yeux hagards, épaves égarées au bout du monde.

Comme si un être déboussolé devait être cohérent pour mériter d'être entendu ! Comme si le paumé devait être « le paumé réglementaire » pour que l'on écoute son cri !

Les clochards de vingt ans qui ruminent leur ennui du matin au soir, les écorchés de notre planète sans âme, pourquoi les nomme-t-on « marginaux » ? Sont-ils à la marge parce que le texte de nos pages ne leur réchauffe pas le cœur ? Ils sont rugueux, les mal-aimés, très rugueux. Ils découragent les tendresses romantiques. La bourrade la plus amicale peut faire hurler un grand brûlé.

Des éducateurs, comme Guy Gilbert, savent décrypter leurs hiéroglyphes[1]. Ils nous montrent la généalogie de la haine. Ils nous aident à traduire « Je vous hais » par « Aimez-moi ».

Trois ans au contact des jeunes « délinquants » m'ont mis sur la piste d'un grand mystère.

Même si parfois le « marginal » est devenu comme un tonneau crevé, inapte à croire en la sincérité des cœurs humains, il nous crie : « L'amour n'est pas aimé. »

Même s'il rote quand il entend prononcer le mot Dieu, il nous crie : « Vous qui croyez en un Père de tous les hommes, pourquoi êtes-vous si peu mon frère ? »

Tels ces animaux qui courent comme des fous, ayant senti de très loin l'avance d'un incendie de forêt, ils flairent les asphyxies intolérables...

Ne raccrochons pas trop vite en fredonnant : « La maison qui brûûûle !... »

---

1. Guy Gilbert, *Des jeunes y entrent, des fauves en sortent*, LGF, 1985.

Faites un signe…

VISITE d'une femme de trente ans environ. Elle vient de passer cinq années dans un éthylisme de plus en plus grave. De guerre lasse, un médecin lui a dit : « Essayez de prier. » Étant non-croyante, elle a éclaté de rire.

Un jour, elle s'est dit : « Pourquoi pas ? » Elle a crié vers ce Dieu inconnu : « Si vous existez, faites un signe… juste un clin d'œil… »

« Peu après, me dit-elle, je sentis comme une Présence aimante… Je n'étais plus seule… De plus, le moindre verre de vin ou d'alcool me devenait insupportable… Je ne comprends toujours rien à ce qui m'est arrivé… Mais n'est-il pas dit dans le Coran : "Une fourmi noire, dans une nuit noire, sur une pierre noire, Dieu la voit" ? Je suis émerveillée. Aussi bas qu'on soit tombé, il y a toujours la possibilité d'espérer et d'en sortir… Je viens vous voir pour que vous m'aidiez à mieux connaître ce Dieu qui m'a sauvée… »

Qui me délivrera ?

SI VOTRE MORT, Jeanne, pouvait éviter à d'autres de mourir trop jeunes ! Car vous n'êtes pas morte de mort naturelle. Vous vous sentiez toujours « de trop » ! Vous osiez à peine vous libérer auprès des autres de ces cauchemars qui tissaient leurs toiles dans votre tête.

Quelque chose avait été cassé en vous, tout enfant, à l'âge où les pensées se forment sur le sens de la vie, sur le sentiment de notre propre valeur… Un ressort s'était perdu ; une pièce indispensable, la confiance en soi-même, un rien qui vous aurait permis de penser : « Je ne suis pas née en vain ; d'autres seront plus heureux puisque j'existe. »

Mais peut-on faire l'économie d'être soi-même pour pouvoir rencontrer les autres ? L'amour humain qui sauve tant d'êtres de la mort aurait pu vous faire naître, mais une lointaine blessure de l'âme vous en tenait écartée. Cette blessure d'enfance expliquait pourquoi vous vous tourniez toujours vers des projets impossibles, des rêves inaccessibles.

Mais expliquer n'est pas résoudre. Vous compreniez tout et cela ne changeait rien ! On ne défait pas « à froid » un pli qui s'est formé « à chaud »...

La psychanalyse que vous aviez tenté de suivre vous semblait une prothèse plus douloureuse que le mal : « Si personne ne croit en moi, comment compenserai-je cette infortune ? » Je vous parlais de la tendresse de Dieu qui, par son « Je t'aime » inconditionnel, peut nous arracher à tous les désespoirs et à toutes les solitudes. Vous me répondiez : « Vous semblez n'avoir que Dieu à offrir pour combler les vides de nos cœurs ! Dieu ! Savez-vous les images qui traînent dans nos têtes humaines lorsque vous prononcez ce mot ? Le Dieu que j'ai dans la tête depuis l'enfance est un Dieu qu'il faut acheter par des sacrifices, des immolations de soi, pour délivrer ceux que l'on aime de la damnation. Qui me délivrera de ce Dieu-là ? Il y a, diffuses partout, des représentations de Dieu qui sont criminelles !

« On nie le mal dont je souffre. On prétend que mon angoisse n'est qu'un stratagème pour me rendre intéressante. Les gens forts, sûrs d'eux, refusent obstinément de comprendre. En contestant la réalité de ma souffrance, ils m'ont plongée dans le plus épais des désespoirs : “Elle a tout pour être heureuse !” disent-ils, et les voilà rassurés, non concernés… Ont-ils jamais imaginé l'angoisse d'être seule, la douleur de ne compter pour personne ? Ils se penchent avec commisération parfois, mais ils n'ont rien à me demander… C'est toujours à sens unique. Comment voulez-vous que je puisse croire à l'amour de Dieu pour moi, puisque je ne compte pour personne ? »

À quoi bon continuer ! Ce « cancer de l'âme » qui vous rongeait est peut-être déjà là tout entier. Dans une revue médicale je trouve ceci : « Le coup de cafard qu'une heure ou deux d'amitié peut effacer, s'il se manifeste dans la solitude, si personne ne vient tendre la main, peut s'enfler démesurément et c'est le suicide. » La science, ici, rejoint l'Évangile.

Mais pour tendre la main, il faudrait être disponible. On ne peut pas être en même temps à la foire de l'agitation moderne et au moulin de la tendresse. Personne ne descend plus jamais dans la rue pour y crier comme François d'Assise : « L'Amour n'est pas aimé ! »

Vous m'aviez envoyé il y a peu de temps un texte de Prévert : « Regardez, dit l'hirondelle à ses petits… Et les petits regardent les hommes marcher. S'ils restent bien unis ensemble, ils mangeront, dit l'hirondelle, mais s'ils se séparent, ils crèveront… »

Comme il est dur, ce monde où, par « la force des choses », nous affichons « complet » sur notre agenda et sur notre cœur ! Mais, vous savez bien, Jeanne, si les humains se mettent un bœuf sur le cœur, c'est parce que l'amitié pourrait nous engager sur des chemins risqués !

Les responsables de votre détresse, vous les connaissiez bien : jansénisme, rigorisme, volontarisme, activisme… tous ces « ismes » qui ne laissent passer que des courants froids…

Votre angoisse extrême, et celle de millions d'êtres barricadés, nous invite à nous réveiller… Il disait donc vrai, saint Jean : « *Quiconque hait son frère est un homicide* » (1 Jn 3, 15).

L'humiliation provoque la délinquance ou le désespoir, comme l'oxyde de carbone l'asphyxie.

L'événement est un maître

VOICI QUELQUES années, j'écoutais trop de désespérés. C'était contagieux. Dans le même temps, je recevais un nombre d'attaques exorbitant. Quelques-unes m'auraient fait sourire, mais, parfois, c'était l'overdose. Tel jeune que j'admirais beaucoup avait perdu la foi et « brûlait » l'aumônerie qu'il avait adorée. Comment oublier ce visage au sourire sadique, répétant pour me narguer : « Elle coule, l'aumônerie, elle coule » ? C'était cauchemardesque.

« Qui veut noyer son chien l'accuse de la rage. » Être accusé de rage, c'est déjà commencer à être enragé. Il est des heures de la vie où l'estime de soi est plus précieuse que l'instinct de conservation. Si on vous donne de vous-même une image réellement intenable, comment éviter la fuite vers la folie ou vers la mort ?

À moins que l'on ne découvre à temps cette tendresse folle de Jésus : « *Pardonne… ils ne savent pas.* » Par quelle aberration pouvons-nous prendre au sérieux des jugements où la santé et l'équilibre de celui qui juge sont seuls en cause ? Il se peut aussi que derrière la violence verbale se cache une frustration qui a du sens !

« *La tristesse en a perdu beaucoup* »
(Si 31, 21)

POUR LUTTER contre le nihilisme ambiant et tous les discours de décomposition, je me cramponne aujourd'hui à la bonté foncière des êtres. Car chaque être est bon, tout au fond, puisqu'il est à l'image de Dieu.

« Ta lèpre, c'est de l'amour inemployé » (Giono).

Mes voyages dans les pays du Tiers-monde ont joué pour moi un rôle de résurrection. Si ces pays me fascinent tant depuis, c'est bien pour cette raison. Un yogi aux yeux brillants de sérénité, un *muchacho* de Bogota, un piroguier du Niger, ces vies sans fioritures débordent de joie ; une joie que rien ne peut menacer, pas même la mort, puisque leur Dieu Se rit de la mort.

Je veux me protéger du nihilisme comme un paysan des Andes protège de la pluie le sommeil de ses enfants, comme un médecin aseptise tout ce qui aura contact avec une plaie ouverte.

Une certaine tristesse est fille de Satan. Si elle mendie de nouveau à ma porte, je me boucherai les oreilles.

« Ne te laisse pas aller à la tristesse
et ne t'abandonne pas aux idées noires.
La joie du cœur, voilà la vie de l'homme,
La gaieté, voilà qui prolonge ses jours…
La tristesse en a perdu beaucoup »
(Si 31, 21).

J'ai commis la folie de citer dans un livre sur la dépression cette parole d'un sage bouddhiste : « Gémir sur un malheur passé est le plus sûr moyen d'en attirer un autre »… Quelle avalanche de reproches cela me valut d'une lectrice !

Les êtres blessés sont blessants. C'est leur plus grande infortune !

Ainsi va le monde

D'INNOMBRABLES hommes souffrent gravement de surmenage alors que d'autres sont privés de travail. Beaucoup sont malades de suralimentation alors que d'autres meurent de faim… Ainsi va le monde !

On nous dira que c'est la faute du Créateur. Il n'était pas obligé de faire des hommes libres, n'est-ce pas ?

« Pourquoi as-tu créé l'insupportable désordre de l'amour ? » demande le grand inquisiteur à Jésus dans le livre magnifique de Dostoïevski *Les frères Karamazov*.

Prendre un peu de recul

« VACANCES »... Ce mot est drôle ! Il fait penser à une maison vide, vacante. J'aurais choisi un mot qui évoquerait plénitude, accomplissement. « Que valons-nous une fois immobiles ? » disait Saint-Exupéry.

Savoir arrêter le cheval emballé de notre existence. Demeurer un jour entier au pied d'un arbre avec, pour tout compagnon, un livre ou un cahier. Recueillir une pensée, un poème, un psaume. Prendre un peu de recul pour tenter de comprendre l'enjeu de ce qui nous arrive. Prendre un temps de contemplation pour essayer de déchiffrer tout ce charivari, ce brouhaha, ce tohu-bohu, que les jours poussant les jours ont fait de nos vies.

Réfléchir à l'enjeu des responsabilités qui nous ont été confiées. S'émerveiller de ces visages uniques auxquels nous sommes tellement habitués. Méditer au creux du silence, ce silence où l'essentiel parle si fort. Demeurer dans le rayonnement de la joie divine d'où toutes choses sont nées.

Donner à Dieu la permission de nous redire qu'Il nous aime.

La vie va trop vite. Il faudrait « lever le pied » de temps en temps.

Toujours plus

DIEU A INVENTÉ la gratuité du sabbat, un temps pour renaître.

Des missionnaires, en Chine, comparurent, il y a quelques années, devant les tribunaux. « Depuis combien de temps êtes-vous là ?... Combien avez-vous de paroissiens !... Vous leur avez demandé de ne pas travailler le dimanche ?... Vous devez donc à la nation tant d'heures de travail. »

Cette histoire n'est même pas un gag !

Ailleurs, les lois implacables du profit ne profitent qu'à l'argent. Les « ravagés du boulot » n'auront pas de congés. « Toujours plus » : une devise à broyer les hommes.

Si nous avions le quart de la moitié du commencement d'un soupçon de la qualité d'homme qui veut éclore en nous, comme nous prendrions soin des repos sabbatiques !

« *Que sert à l'homme de gagner l'univers s'il y perd son âme ?* » (Mc 8, 36).

Bouteilles à la mer

LORSQUE J'OUVRE ma boîte aux lettres, c'est comme une vague déferlante. Des bouteilles de naufragés parviennent sur une grève. Les gens écrivent rarement à un prêtre pour lui raconter les merveilles de Dieu dans leur vie. Ce sont surtout des appels au secours. Plaintes de mal-être, de mal-vivre. Certains amis me disent : « Ce n'est pas ton boulot »... Et Jésus, lorsqu'Il s'approchait des infirmes, est-ce que c'était son boulot ?

Hier, une jeune fille inconnue de vingt-sept ans m'envoyait dix-huit pages pour m'expliquer son sentiment d'être de trop, coupable d'exister, et surtout une anorexie que les médecins depuis huit ans ne parviennent pas à guérir. Je lui téléphone aussitôt. Nous nous rencontrons pendant deux heures. Avec ses trente kilos, on dirait un fantôme. Son visage exprime une détresse inimaginable.

Deux vers d'Aragon me poursuivent jusqu'à l'envoûtement :

« Tout le ciel cette nuit proclame l'hécatombe des rossignols...
L'homme crie où son fer le ronge et sa plaie engendre un soleil... »

À la seconde où j'écris « soleil », la sonnerie du téléphone déchire le silence. Celle dont je vous parlais vient à nouveau déverser son trop-plein d'amertume. D'une voix monocorde, elle répète : « Je reste enferrée dans mes problèmes... Y a pas de place en ce monde pour les gens comme moi... J'y crois plus... J'en ai marre... » Et puis, ce dérisoire : « J'ai plus de pièces... » J'imagine sa silhouette sortant de la cabine téléphonique où elle était venue mendier deux sous d'affection.

On ne peut avoir le « goût de vivre » par procuration, comme on vote par personne interposée. Croire en soi, croire en la vie, c'est peut-être « l'huile de la lampe » dont parle l'Évangile et qui ne peut être partagée. C'est au fond de soi-même qu'il faut en trouver la source, car chacun a un rendez-vous personnel avec la Vie.

Cette jeune fille est pour moi le signe de l'anorexie spirituelle de l'Occident. Pour nous être trop privés de Dieu, nous en avons perdu le goût.

« Le monde souffre d'une faim spirituelle plus grave encore que celle des corps », disait Jean XXIII.

C'est pour cela qu'on devient prêtre…

La gravité inouïe de la faim des corps donne une idée, une image de ce que peut être l'autre faim… Des millions d'enfants, chaque année, se tordent de douleur…

Qui veut noyer son chien…

« La multiplication des psychiatres a rendu les prêtres inutiles. » Qui n'a entendu ce genre de réflexion ? Et pourtant, combien d'êtres tourmentés viennent encore trouver les prêtres pour crier leur désir d'exister !

Des psychiatres leur apprendraient que la vie est une succession ininterrompue de sevrages et de deuils. Un prêtre peut aussi les aider à découvrir que Dieu souffre avec eux de leur souffrance.

Tant de gens répètent : « Je n'ai pas besoin de Dieu. » Pendant ce temps-là, Lui, Il crie le désir qu'Il a de nous, tout au long de la Bible !

Les plus grandes souffrances en ce monde me semblent occasionnées par des accusations injustes. Jamais je ne réussirai à comprendre les motivations qui provoquent les humiliateurs à humilier, les dominateurs à dominer, les dénicheurs de coupables à culpabiliser les autres. Si Satan existe, alors tout s'explique. Il gagne sur deux tableaux : la déchéance de celui qui fait souffrir et le désespoir de l'humilié.

« Qui veut noyer son chien l'accuse de la rage. » À force d'être accusé de la rage, on peut devenir enragé. Parfois, c'est votre père, votre mari, votre épouse, votre frère, qui vous *coupe les vivres* de l'estime. Être plastiqué par un terroriste est une mort plus franche, plus expéditive.

Jésus n'exagérait pas lorsqu'Il disait :

« *Quiconque se fâche contre son frère en répondra au tribunal ; mais s'il dit à son frère : "Crétin !", il en répondra au Sanhédrin ; et s'il lui dit : "Renégat !" , il en répondra dans la géhenne de feu* » (Mt 5, 22).

Renvoi, rejet, diffamation, humiliation, voilà plusieurs façons de tuer en douce, à petit feu, incognito ! Le crime parfait ! Raffinement de cruauté.

Devant les êtres hypersensibles, frustrés de considération, le prêtre n'est pas totalement démuni. Son cœur, son écoute, son estime peuvent être l'écho de la tendresse de Dieu : un amour qui ne pose aucune condition, un accueil que rien ne décourage.

Ô mes frères prêtres, usés d'avoir été durant une vie entière des éponges de douleurs ! Ô mes frères prêtres, vous en avez rafistolé des gueules cassées sans le savoir ! Votre voix en prononçant les paroles sacramentelles du pardon a ressuscité tant d'âmes mortes !

Mon ami le cardinal Jean-Marie Lustiger

COMMENT oublierai-je ma première rencontre avec ce tout jeune prêtre ordonné depuis quelques mois ? Il avait vingt-huit ans, j'en avais vingt-cinq.

Son engagement jusqu'au sacerdoce m'impressionnait car, pour ma part, j'hésitais. Je reculais devant le mystère d'un appel trop déroutant.

Dans un petit restaurant d'Assise lors d'un pèlerinage étudiant, il me parla durant plus d'une heure. Une flamme intérieure semblait le brûler. J'ai coutume de noter tout ce que j'entends qui vient frapper mon esprit :

« La pire chose pour l'humanité, c'est l'idolâtrie, répétait-il. L'homme veut mettre à la place de Dieu ce qui n'est pas Dieu. » Ce dont il me fit confidence ce jour-là, je l'ai retrouvé au long de diverses pages dans le livre *Le choix de Dieu*[1].

---

1. Jean-Marie Lustiger, *Le choix de Dieu : entretiens avec Jean-Louis Missika et Dominique Wolton*, LGF, 2007.

Devenu prêtre, je fus invité chaque année à accompagner le pèlerinage de la Sorbonne à Chartres. À la nuit tombée, dans le parc d'Esclimont, j'entendais la longue homélie du père Lustiger. Sa voix résonnait dans les grands arbres. Enthousiasme et fierté devant le don de Dieu ; « la verticalité du judaïsme et l'horizontalité de l'Évangile ». Un feu de Dieu. Je retrouvais dans ses propos l'accent passionné du père Charles que j'avais écouté souvent au Centre Richelieu.

J'aimais ces rencontres de graves questionnements et de joyeuses certitudes. Comme Jean-Marie (Lulu pour les intimes) savait bien balayer nos doutes !

Je le retrouvai quelques années plus tard. Il était devenu un curé de paroisse. Il me confia la bénédiction du mariage de la fille d'un de ses amis, en Bretagne. Il était retenu ailleurs par un autre engagement. À cette occasion, il me fit visiter toute l'ornementation de son église, Sainte-Jeanne-de-Chantal. Il en était rayonnant.

L'année suivante, il chercha à m'intégrer à son équipe de vicaires. Peut-être avais-je secrètement peur d'un homme qui avait la réputation de trop en demander. Je me dérobai.

Pourquoi ai-je été tellement surpris lorsqu'il fut nommé évêque d'Orléans ? Son langage de titi parisien, sa verve d'aumônier d'étudiant ne correspondaient pas à l'idée que je me faisais d'un évêque. Nous étions convenus que j'irais l'interviewer pour *La Croix*, mais il fut appelé à l'archevêché de Paris.

Nous nous sommes retrouvés à plusieurs reprises chez des amis communs. Il avait des coups de gueule homériques. Je me souviens particulièrement d'une fureur contre les illustrations d'un livre pour enfants. C'était une « vie de Jésus ». Les scribes et les Pharisiens tendaient un visage caricatural à l'encontre de Jésus. « Au pilon cette saloperie ! » cria-t-il en jetant le livre à l'autre bout de la pièce.

Lorsqu'il accepta la confrontation avec deux journalistes[1], ses propos furent nettement plus nuancés. Je rêvais de voir un jour un deuxième tome car l'acuité du regard de cet homme sur notre temps était impressionnante.

Quelques années avant son « encielement », je lui téléphonai pour lui demander conseil. J'étais invité par Patrick Poivre d'Arvor sur un plateau de télévision où se trouverait Norman Mailer. Ce prestigieux écrivain américain était juif et il venait de faire paraître un livre sur Jésus dont de nombreuses pages étaient douloureuses à une oreille catholique.

1. Voir note précédente.

Mon ami cardinal me garda près d'une heure au bout du fil. Une page de Norman Mailer au sujet de Marie à Cana ne passait pas non plus à ses yeux, mais il m'invita à mettre de l'eau dans mon vin.

Il me cita aussi les propos d'un écrivain juif célèbre : « Jésus est pour moi le frère universel. Il n'est pas seulement le frère des hommes. Il est aussi mon frère juif. Je saisis la main fraternelle qu'il me tend. La foi de Jésus nous unit ; c'est la foi en Jésus qui nous sépare » (Schalom Ben Chorin).

Parmi ses propos j'ai surtout retenu : « Dis-lui : vous avez touché la frange de la tunique de Jésus. Cela ne peut pas en rester là. » En effet, cela n'en resta pas là !

Je raffolerais qu'un livre soit publié un jour qui regrouperait plusieurs facettes de cet homme étonnant qui a touché bien des cœurs en associant l'étoile jaune à la croix.

Le sens caché des voyages

Apprendre à vivre autrement

MES PÉRÉGRINATIONS à travers la France me font constater l'éclosion printanière d'« espaces de recueillement », de « haltes spirituelles », d'« écoles de prière », de « stages de yoga »...

L'Occident s'interroge : « Ce que tu fais est bien mais *qu'*est-ce que tu fais ? » « Ce que tu dis est beau mais *qui* le dit ? »

Une même recherche s'amplifie : « Apprendre à vivre autrement », « Une nouvelle relation aux autres », « Se réconcilier avec soi-même »...

Je participe cette semaine à une session où l'on conjugue des exercices d'un « yoga de postures » et l'écoute d'un spécialiste de l'hindouisme. Les participants sont en majorité des enseignantes. Beaucoup se disent mal dans leur peau, mal dans leur couple, mal dans leur école, mal dans leur Église.

Un ingénieur qui a voulu rejeter l'« éteignoir chrétien » prétend retrouver ici un chemin religieux fait d'« harmonie intérieure » en accord avec les « exigences de la logique et de la sensibilité ».

Presque tous les stagiaires reprochent aux chrétiens leur « intolérance » et leur « complexe de supériorité ». Je leur fais remarquer que c'est une communauté chrétienne qui leur propose cette session ! Ô ingratitude !

Avec une âme d'enfant digne de novices bénédictins, les stagiaires s'adonnent à des exercices très exigeants et accueillent sans broncher une doctrine sévère : « S'il nous arrive un malheur, c'est en nous-mêmes qu'il faut en chercher la cause. Notre croissance spirituelle exige cette épreuve ! »

Si un prêtre disait cela, on le ferait taire !

Ce précepte, lorsqu'il vient d'un swami ou d'un lama, est très bien accueilli…

Mystère de ce détour par l'Inde pour retrouver les sources de notre foi chrétienne, pour revenir à l'époque où désir et ascèse n'avaient pas encore rompu leurs liens, avant les grands schismes.

En ce moment, un homme de quatre-vingts ans parle avec émotion d'un maître hindou qu'il a fréquenté : « Il ne donnait pas d'enseignement mais il nous expliquait si bien comment éplucher les légumes. » Une normalienne éblouie l'interrompt : « S'il vous plaît, vous nous apprendrez à éplucher les légumes ? »

Si Combes et Jules Ferry entendaient cela !

Par le détour de l'Inde

PAR LE DÉTOUR de l'Inde, j'ai mieux compris le sens du témoignage des saints. Les hommes et les femmes que l'on dit « réalisés », là-bas, sont la preuve tangible qu'une issue existe hors de notre petit monde rétréci de l'avoir et du pouvoir. C'est devant un vrai lion que le bébé lion, élevé chez les moutons, découvre sa vraie nature.

Par le détour de l'Inde, j'ai retrouvé la place de Marie. Le jansénisme puritain laissait de côté cette femme et sa tendresse… L'hindouisme ne craint pas de voir dans la femme une fenêtre sur le mystère de l'être. « *J'étais comme une femme tenant son nouveau-né, tout contre sa joue* », dit aussi le Dieu de la Bible. « La femme est la sentinelle de l'invisible » (Jean-Paul II).

Par le détour de l'Inde, j'ai redécouvert le goût de l'âme humaine. Cette âme s'exprime par un corps mais elle n'est pas limitée à ce corps. Le mot « âme » fait sourire en Occident. Et pourtant : « *Que sert à l'homme de gagner l'univers s'il y perd son âme !* » disait Jésus (Mc 8, 36).

Si le problème du bonheur consistait à découvrir les conditions qui fertilisent l'âme : le silence, la paix du cœur, le rejet de toute rancœur, de tout ressentiment…

Par le détour de l'Inde, j'ai découvert le charme d'une certaine sagesse faite de bon sens et d'expérience. J'ai relu avec enthousiasme *Ben Sira*, *Qohélet* et *la Sagesse*, trois livres de la Bible hélas ! trop méconnus.

La sagesse hindoue peut se résumer ainsi : ne rien dramatiser, reconnaître que les apparences ne révèlent pas tout, savoir que les argumentations intellectuelles et les projections mentales sont souvent stériles. Rien n'arrêtera l'essentiel ; la découverte de notre vraie nature. Tout disparaîtra… Sauf l'amour.

« Élargis l'espace de ta tente »
(Is 54, 2)

LA RELIGION hindoue perd du terrain en Inde partout où la science et la technique en gagnent. Rajiv Gandhi n'est pas croyant. Son grand-père Nehru, agnostique, disait que cette déspiritualisation de l'Inde était un des plus graves problèmes de son pays. Que sert à l'homme de se moderniser s'il y perd son âme ?

L'amour de l'absolu (Orient) et l'absolu de l'amour (Occident) sont malades de s'ignorer. Orient et Occident ont reçu l'un pour l'autre un surcroît de richesses qui pourrissent faute d'être partagées. C'est de ce qui déborde chez nous que l'autre a besoin.

Un prêtre catholique indien, le père Panikkar, écrivait il y a vingt ans : « Si l'Inde ne s'engage pas avec trop de fougue dans la voie de l'industrialisation, elle pourrait s'approprier les valeurs techniques de l'Occident sans avoir à en payer le prix au détriment de ses ressources spirituelles comme l'a fait l'Europe. »

Nostalgie de l'Afrique

NOSTALGIE de dix-huit mois passés en Afrique de l'Ouest, en coopération. Je ne gagnais pas un sou. Je ne possédais qu'une chemise et une guitare et j'étais plus heureux qu'un roi.

Souvent j'étais invité dans une famille de la banlieue. Je m'y rendais à pied en traversant un bois peuplé d'oiseaux et une prairie d'herbes hautes. Dès que j'approchais des cases, des musiques obsédantes de balafons et de tam-tams jaillissaient de toutes parts. Les murettes qui bordaient les avenues de terre battue étaient imprégnées d'une forte odeur de beurre de karité. Ce beurre assurait l'étanchéité des murs.

Je contemplais les femmes faisant la cuisine tout en dansant, un enfant à califourchon sur la hanche.

Dans l'Afrique de ce temps-là, pas de journées sans chansons, sans tam-tams, sans danses... Pas de vie sans célébration de la vie...

Ces souvenirs revenaient en moi, hier soir, 21 juin. Des rythmes de reggae, de jazz et autres pop-music traversaient mes carreaux pour m'inviter à sortir de ma cellule. Quelques jeunes s'étaient réunis autour d'un petit orchestre improvisé, sur la pelouse, devant la mairie. Enfin un air de fête ! Enfin un brin de poésie !… C'est trop peu, c'est dérisoire, mais c'est tellement mieux que rien…

Tout cela est bien païen, n'est-ce pas ? Tout cela est bien léger ! Une maigre parenthèse dans l'austérité ? Une astuce pour faire oublier la « dévaluation » ?

Et si la tristesse de notre vieil Occident était la pire des dévaluations ? Est-ce païen de célébrer le goût de vivre si la vie vient de Dieu ? Est-ce païen de se rencontrer, de communiquer, de rire, de chanter ?

« *Rends-moi la joie de Ton salut,*
Et qu'un esprit de bonne volonté me soutienne ! » (Ps 51, 14).

L'Amérique latine

Au contact des militants d'Amérique latine, combien de fois ai-je entendu : « Vous n'aimez pas assez la vie, pour vouloir la changer. C'est la joie, la joie seule, qui inspire les vraies révolutions. »

« Un peuple qui ne chante ni ne danse est un peuple qui meurt… »

L'Église avait inventé un calendrier tout jaillissant de fêtes. L'humanisme laïc et obligatoire sent l'ennui et la naphtaline. On y étouffe.

« Nous refusons un monde où la certitude de ne pas mourir de faim se paie par le risque de mourir d'ennui », disait un graffiti de Mai 1968.

La fête est une anticipation, un affleurement de l'ultime réalité, un écho de la joie éternelle.

Machu Picchu

SUR UN IMMENSE cône rocheux qu'escalade la forêt vierge et surplombant des gorges profondes, les vestiges d'une ville fortifiée défient les vents et les siècles.

J'ai dormi à la belle étoile au milieu de ces ruines. Aux premières lueurs de l'aube, j'ai pu les visiter dans leur solitude majestueuse. Ici, tout est mystère. La configuration des lieux obéit à une ordonnance sacrée. Des places garnies d'herbe verte, anciens jardins potagers, montent en gradins vers le lieu de la rencontre avec la divinité. Le sommet de la montagne, magnifiquement taillé dans la roche vive, est un autel, quelques condors tournoient tout autour.

Les archéologues ne cessent d'interroger ce lieu. Est-ce la crainte des envahisseurs qui a poussé les Incas à bâtir une ville aussi élevée, aussi inaccessible ? L'hypothèse la plus probable réside dans leur souhait de se rapprocher du ciel.

Dans toutes les religions, la montagne n'est-elle pas le lieu du grand rendez-vous ?

Où êtes-vous, Incas qui avez pris les conquistadores pour des réincarnations de vos ancêtres et des messagers de vos dieux ? Que reste-t-il de votre glorieux passé dans les mémoires blessées de vos enfants ? Que fut votre univers aujourd'hui disparu ?

Les peuples qui n'ont pas d'écrivains ne laissent que des pierres. Ici, garnies de mousses et de petites fleurs tremblantes dans le vent, les ruines gardent jalousement leurs secrets.

Dans un temple à Harlem

UNE FEMME assez âgée entonne une prière spontanée d'action de grâces : « merci pour la guérison de mon mari ; il était malade, Seigneur, et Tu es venu vers lui... » Et la foule reprend : « Merci, Seigneur, merci. » Puis sa prière devient sermon, témoignage, mélopée tout à la fois. Sa voix enfle, prend les accents de la douleur, de la joie, de l'exhortation, de l'extase... « Nous avons tous besoin de Toi, Seigneur, oui, tous... Il n'y a personne qui puisse se passer de Toi. Même ce visiteur étranger qui est venu se joindre à nous ce matin. Il a besoin de Toi. Bénis-le, Seigneur, bénis-le... Il est en manque de Toi, lui aussi. » Et là, son doigt et son regard me désignent avec insistance. Elle crie à mon intention : « Oui, toi aussi, tu as besoin du Seigneur... » Comment a-t-elle deviné ? Aujourd'hui justement, je me sens si pauvre !

Peu après, le célébrant m'invite à prendre la parole. Ému, je me dirige vers le micro. Là, dans un grand silence, j'entonne le cantique *Nobody knows the trouble I've seen...* (« Personne ne sait les angoisses que j'ai connues »). Sans aucun étonnement ni rire, comme si cela allait de soi, ils m'offrent un accompagnement de voix sourdes, bouches et paupières closes, en balançant la tête.

Oui, Seigneur, béni sois-Tu pour Ta présence au milieu de nos frères, où que nous soyons, sur cette terre.

Amazonie

LES JIVAROS ont souvent fait parler d'eux à cause de leur coutume de réduire les têtes de leurs ennemis. Par ce rituel, ils entendaient parer à une possible vengeance ! Ils faisaient bouillir la peau de la tête débarrassée de toute la carcasse osseuse. Ils façonnaient avec cette peau une sorte de sac qu'ils garnissaient de cailloux ou de sable. Six jours de travail étaient nécessaires pour réduire une tête humaine à la dimension d'une pelote basque. L'âme vengeresse du défunt était ainsi condamnée à demeurer dans son enveloppe charnelle. Elle ne s'incarnerait pas en serpent ou en jaguar pour tourmenter son assassin.

Nous qualifions de barbares ces coutumes.

En matière de sadisme, ne sommes-nous pas plus raffinés ? Ce n'est pas la tête du prochain *mort* que nous *réduisons*, mais la tête du prochain vivant : son honneur, sa réputation, ses intentions, sa dignité, son âme. Et cela a lieu partout. Nous sommes, nous aussi, des « réducteurs de têtes »…

Condamnations ou condoléances

Comme il est simple, vu de loin, le problème palestinien ! « Qu'est-ce que les juifs ont eu besoin de vouloir retrouver le cordon ombilical ! Ils ne sont pas bien dans les métropoles d'Europe et d'Amérique ? » Ou bien : « Pourquoi les Palestiniens ne rejoignent-ils pas les autres Palestiniens en Jordanie ? »

Je reviens pour la septième fois d'Israël. Si on écoute avec le cœur, si on a des amis dans les deux camps, alors on saigne. Comme dans tant d'autres régions du monde, les ingrédients : souffrance, humiliation, peur engendrent la violence qui renforce la souffrance, l'humiliation et la peur… C'est sans fin. Chacun voit l'autre à travers le prisme de ses propres larmes…, changé en ennemi, parfois en assassin. Et chacun semble avoir raison, désespérément.

Les juifs reprennent inlassablement le slogan de Golda Meir : « Nous préférons des condamnations plutôt que des condoléances. » Et certains ultras ajoutent : « Nous préférons être antipathiques et vivants que sympathiques et morts. »

Lors d'un séjour en 1984, j'avais été effaré de la politique de colonisation à outrance des Territoires occupés.

Nous sommes dans une impasse. Il faut savoir s'asseoir, se parler, s'écouter, prendre le temps de dire ses humiliations, ses frustrations et ses peurs.

Peut-être faudra-t-il offrir sa vie comme Jésus-Christ, Luther King, Gandhi, Oscar Romero, Popieluszco ! Ce fut le cas au moment de la mort d'Yitzhak Rabin… La mort brutale de ceux qui ont su aimer leur ennemi donne parfois lieu à des réveils de la conscience.

Les peuples juif et arabe au Moyen-Orient sont acculés à s'accepter, à se « reconnaître ». J'ai entendu, lors d'un rassemblement organisé par le mouvement « La paix maintenant » à Jérusalem, un représentant des Palestiniens dire à voix forte : « Personne, en 1947, n'aurait pu imaginer que la France et l'Allemagne deviendraient bientôt alliées. Nous aussi maintenant, nous devons oublier nos griefs et penser à un meilleur avenir pour nos deux peuples. »

Parapente

FLEURS MAUVES et fleurs jaunes marient leurs couleurs. Dans l'épaisse prairie de la montagne, des couples de papillons dansent en de prodigieuses cabrioles. Leurs ailes d'or se détachent sur l'écrin sombre des sapins.

Je vais m'envoler en solo. Le moniteur me prévient : « Ce sera difficile, le vent vient de se lever. » Je déplie une grande aile de parapente et m'y attache avec un harnais solide. Je cours, freiné par la résistance de la toile. La voile se dresse comme un éventail géant, elle hésite, se plie, claque au vent. Quelques enjambées de coureur forcené, j'ai atteint le point de non-retour. Je pédale, à moitié sur le sol, à moitié dans le vide. Me voilà soudain léger comme un oiseau planeur !

L'air qui me porte est délicieusement calme, rassurant. Je me cale dans ma balançoire, croisant les jambes pour me « donner une contenance ».

J'ai peur que mon cœur cesse de battre tant l'émotion est grande. Je le rassure en chantant :

« Que tes œuvres sont belles ! » Mon sentiment dominant est celui de l'envoûtement. Je tente d'apprivoiser l'extase.

Dieu, Créateur des choses visibles et invisibles,
Béni es-Tu pour les crêtes neigeuses
qui dessinent un cirque de dentelles blanches sur l'horizon.
Béni es-Tu pour ces sapins
dont il me semblait frôler les cimes tout à l'heure et qui forment maintenant un grand tapis de fourrure loin sous mes pieds.
Béni es-Tu pour cette perfection du silence !
Béni es-Tu pour la fragile musique du vent
sur les cordes de cette harpe immense
que je tiens sur les épaules.
Béni es-tu pour cette rivière qui serpente
cinq cents mètres plus bas, lumineuse dans le soleil comme de l'or en fusion…

Le Dieu en Qui je crois n'est pas « quelque chose au-dessus de nous ». Il est là, concret, vibrant, vivant dans ce bleu très pur qui m'environne. Il est là dans les ondulations des prairies, dans ces meules de foin, ces arbres, ces maisons posées comme des jouets d'enfant.

L'Artiste S'est effacé devant Ses œuvres, ne les signant que de beauté. Il nous laisse la liberté de L'applaudir ou de L'oublier ! Dans de tels instants, je suis arraché à tous les doutes. La vie est trop belle et trop intense pour n'être que le résultat hasardeux d'une dérive absurde d'atomes insignifiants.

Quelques minutes plus tard, grisé, le cœur battant, je me pose sur le sol comme ferait un goéland sur une plage. Je viens de connaître une expérience mystique, une parabole de l'existence, un avant-goût de ce que la Bible nomme la Gloire. On ne peut pas vivre sans fenêtre ouverte sur l'au-delà.

Un rideau nous cache la substance des choses. Un jour, il sera déchiré. Un jour nous contemplerons le monde dans la transparence. Les limites de l'espace et du temps n'existeront plus.

Que cherchent les jeunes qui se droguent sinon cette sensation que l'on trouve aussi lorsqu'on se balade à vingt ou trente mètres sous l'eau au milieu de milliers de poissons multicolores ?

Nous sommes en stage d'Éternité. Chaque désir, chaque effluve heureux dilate notre cœur aux dimensions de la réponse somptueuse prévue par la Tendresse de Dieu.

Le cosmos n'est pas une toile de fond. « *Tout a été fait par Lui et pour Lui* », disent les Écritures (Col 1, 16). La Création a de Qui tenir ! Elle est un sacrement, une trace de l'Infini. Ces senteurs qui montent de la terre, ces couleurs, cette lumière, comment faire pour ne pas y reconnaître le parfum de Dieu ?

La terre est enceinte d'un monde à venir.
L'ordinaire parle de l'extraordinaire.
La beauté de Dieu transparaît en filigrane,
Éblouissante pour qui l'accepte.

Dieu n'entre pas par effraction.
Il ne S'impose pas.
Il Se propose.

Remerciements

Toute ma gratitude à Alain et Danielle Noël pour leurs bons conseils et leur patience.

Table

Composé par Nord Compo
à Villeneuve-d'Ascq

Achevé d'imprimer en janvier 2012
sur les presses numériques de l'Imprimerie Maury S.A.S.
Z.I. des Ondes – 12100 Millau

pour le compte des Presses de la Renaissance
11, rue de Grenelle
75007 Paris

Dépôt légal : juin 2008
N° d'édition : 333 – N° d'impression : A12/47214F

Imprimé en France